Uwe Janning

Die Fabiansuppe

Erster Tag

8:00 Uhr

Meine Arme hängen schlaff nach unten, die Hände baumeln auf Höhe meiner Fußknöchel im Rhythmus meines Herzschlages leicht vor sich hin, das Gesicht liegt platt auf dem Küchentisch. Ich schließe die Augen und versuche tief einzuatmen. Vergeblich, denn meine Nase ist etwas eingedrückt und meine Lunge der kleinkarierten Auffassung, dass vierzig Zigaretten am Tag einfach zu viel sind. Immer wieder weist sie mich mit knochentrockenem Husten darauf hin.

Aber auch wenn mich die Befreiungsversuche meiner Bronchien durchschütteln - an meiner Körperhaltung ändere ich nichts! Von einer blöden Lunge lasse ich mir nicht diktieren, wie ich zu sitzen habe, die kann mich mal kreuzweise, die ganze Welt kann mich mal kreuzweise. Regungslos werde ich hier verharren, solange es mir passt!

Einatmen, dicke Backen machen, Luft raus lassen. Meine Augenlider lungern unentschlossen irgendwo in der Mitte zwischen offen und geschlossen herum.

In den letzten vier Monaten habe ich dreiundachtzig Geschichten geschrieben, die zusammen einen Mordsbrüller von Buch abgeben sollten. Und ich kam gut voran, war jeden Tag ein bisschen stolzer auf mich und sicher, dass es diesmal klappen wird. Gescheiterte Versuche gab es schon viele, mit hunderten, ach, was sage ich, tausenden von

Seiten, aber diesmal, ja diesmal sollte ich das Stümperhafte endlich hinter mich gelassen haben. Mein Buch! Gebacken für die Ewigkeit mit Liebe, handwerklichem Geschick und blendendem Esprit, ein Geschenk für die Freunde des gepflegten Humors. Gleichberechtigt neben den großen Witzbolden dieser Welt sollte es im Pantheon der klugen Schmunzelliteratur stehen dürfen. Das Ziel schien erreicht. Unter Zuhilfenahme einiger Flaschen Bier habe ich sogar schon in Gedanken den großen Verlagen in Deutschland meine Bedingungen diktiert. Nett, menschelnd und doch knallhart. So, wie es sich für einen Autoren von Format nun einmal geziemt. Nach ein paar weiteren Flaschen habe ich dann auch manchmal den Herrn Beckmann angefleht, er möge mich doch endlich mal wieder aus seinem Studio herauslassen, weil ich seine Fragen nicht drei Tage am Stück beantworten möchte - nicht beantworten *kann*, weil ich ihm gleich was auf die Fresse geben muss.

Gestern Nacht habe ich mir meine Ergüsse noch mal durchgelesen. Alle. Von der ersten bis zur dreiundachtzigsten Geschichte. Die erste hat mich entsetzt, die zweite hat mich traurig gemacht, die dritte ließ mich verzweifeln und die achtzig folgenden waren noch viel schlechter.

Das will mir nicht in den Kopf. Mir will vieles nicht in den Kopf, aber wie kann die eigene Wahrnehmung mich so böse verarschen? Werde ich geisteskrank? Dreiundachtzig Geschichten Material.

Im Standardtaschenbuchformat entspricht das etwa zweihundertfünfzig Seiten. Alles schon zigmal überarbeitet. Für sehr gut, gut oder auch mal weniger gut befunden, aber im Großen und Ganzen schon sehr annehmbar. Dann kommt die Geschichte Nummer dreiundachtzig. Ich lese alles noch mal von vorne und es ist, als ob ich plötzlich eine Brille auf der Nase hätte, die mich die Wahrheit erkennen lässt: Ich schreibe wie ein Achtklässler.

    In zehn Stunden kommt Hilde von der Arbeit zurück. Wenn der Bus pünktlich ist. Zehn Stunden. Das ist viel Zeit. Ich wette, dass Stephen King in zehn Stunden hundert Seiten druckreif in den PC drischt und so ganze Lektorate und Korrektorate in die Arbeitslosigkeit schickt. Nicht, dass ich Stephen King bis auf ein paar Ausnahmen besonders lesenswert fände, aber eins steht fest: er ist nicht nur quantitativ, sondern auch noch qualitativ besser als ich. Er ist sogar witziger als ich und dabei schreibt der Knabe Horrorromane!

    Nun denn, jeder, außer vielleicht ein Komapatient, scheint zu mehr imstande zu sein als ich. Denn offensichtlich kann ich nur atmen. In der Küche sitzen und atmen. Und auch das nur einwandfrei, wenn ich gerade mal nicht husten muss und meine Nase nicht ganz so plattgedrückt ist. Wenn man selbst schlechter ist als jemand, den man immer für schlecht gehalten hat, was macht man dann mit sich? Notschlachten?

Wenn ich zwanzig wäre, könnte ich noch prima einen anderen Weg einschlagen. Aber nein, mit der Erkenntnis, dass man das, was man immer meinte am besten zu können, überhaupt nicht kann, wartet man lieber bis Mitte vierzig. Vielen Dank auch. Und dafür habe ich auch noch meinen Job als Unternehmensberater aufgegeben. Vor drei Jahren war das. Ein Zurück gibt es nicht, auch aus Gründen der psychischen Hygiene, denn ich habe festgestellt, dass ich mich charakterlich auf Dauer nicht zum rücksichtslosen Verbrecher eigne.

Der einzige Traum, der noch übrig war in meinem Leben, war der Traum von einer Schriftstellerkarriere. Ein Weg, der mich irgendwann zu so etwas wie Selbstachtung und einem Olivenhain in Süditalien führen sollte; mit dazugehörigem Landhaus natürlich. Auf einem kleinen Hügel ganz nah am Meer. Sonne, Wasser, schöne Landschaft, gutes Essen, entspannte Leute. Ich sah mich schon tausendmal verträumt lächelnd im Schatten der uralten Bäume wandeln, ein Strohhut auf dem Kopf und die warme Luft umspielt meinen Körper unter der weißen Leinenkleidung. Ob die Ernte dieses Jahr gut wird, kann mir im Grunde egal sein; ich lebe sehr gut von den Tantiemen meiner Bücher. Die Bäume dürfen nur schön sein, sie müssen mich nicht ernähren.

Ich schlendere zurück zum Haus, setze mich auf die Terrasse, schaue aufs Meer und trinke einen schlichten Landwein.

Wenn die Dinger nur nicht so verdammt teuer wären! Diese Olivenhaine und diese Landhäuser - ich kann mir ja noch nicht mal einen Strohhut leisten!

Einatmen, husten, ausatmen. Notschlachten.

Mein Leben lang habe ich gehofft, mich irgendwann aus diesem miefigen, kaufmännischen Berufssumpf herausziehen zu können. Aus der Ellbogen-Blender-Hölle. Dass ich jetzt nur noch dafür gut bin, das von Hilde erarbeitete Haushaltgeld auszugeben, war allerdings nicht geplant. Aber was war das aber auch für ein jämmerliches BWL'er Leben mit was für jämmerlichen Gestalten?! Mit den Planübererfüllern, den Hackenzusammenschlagern und Kopfeinziehern. Die konnte man schon im Studium an ihrem Geruch erkennen. Brav haben sie sich unnützesten Wissensbrei ins Hirn stopfen lassen, ohne je zu murren. Nie gefragt, einfach immer nur gemacht. Die haben ihren Kopf zum Lernen benutzt – meiner ist zum Zweifeln geboren.

Die Schlimmsten waren rückblickend die, die immer einen auf cool, alternativ und sozial gemacht und Seidenschals im Hörsaal nur geduldet haben, wenn man die entsprechenden Kommilitonen damit an Heizkörper fesseln konnte. Die sind heute für den Werbemüll im Fernsehen mitverantwortlich, der Deutschland quält. „Mit Toffifee sind wir irgendwie… zusammener…" Wer sich solche Sprüche ausdenkt, frisst auch kleine Kinder.

Ich habe einen IQ von 142, bin aber blöd wie Brot und vollkommen lebensuntauglich. Das muss mir erst mal einer nachmachen. Aber wie sagte schon Einstein? „Intelligenz zeigt sich im Ergebnis". Dem kann ich nichts hinzufügen. Ich huste in der Küche. Dagegen ist so ein Toffifee Werbespot schon eine tolle Leistung.

 Einatmen, husten, ausatmen. Notschlachten.

8:12 Uhr

Oh, mein Gott, ich bin immer noch am Leben. Und kalt wird mir auch. Vielleicht sollte ich mir doch mal was anziehen. Meine Zehen sind wie aus Eis und pinkeln muss ich auch. Ich könnte mir natürlich auf die Füße strullern und damit gleich zwei Fliegen mit einer Klappe schlagen, aber das wäre wohl ein Pyrrhussieg. Ja, ich weiß, was das ist. Ach, die humanistische Bildung, noch nie war sie so wertlos wie heute. Sie quillt mir aus jeder Pore, ich dünste ganze Enzyklopädien aus. Das ist aber auch schon alles, was ich damit anfangen kann.

 Ein Kaffee könnte gegen die Kälte und vielleicht auch ein wenig gegen diese Selbstmordstimmung helfen - wenn ich ihn denn verdient hätte! Der Vollstreckungsbeamte, der die Wohnung der siebenköpfigen Familie über uns im fünften Stock gestern zwangsräumen ließ, der hat sich seinen Kaffee am Morgen verdient. Er hat was dafür getan. Ich nicht. Mit Atmen und Husten verdient man sich weder Kleidung noch Kaffee. Das kostet beides Geld. Geld muss man sich erarbeiten. Das gilt für jeden auf dieser Welt, selbst für Bankräuber.

Ich liege Hilde auf der Tasche.

Sie ist eine abgebrochene Soziologiestudentin, die vor dem Studium eine Ausbildung zur Krankenschwester gemacht hat. Das macht sie auch heute noch. Also als Krankenschwester arbeiten, nicht Studiengänge abbrechen. Sie bezeichnet sich selbst als witzig. Ich persönlich glaube allerdings eher, dass ihr Stammhirn mal irgendwann einen Schlag abgekriegt hat. Aber unter dem Strich passt es schon, der Mensch ist halt ein Gewohnheitstier.

So ganz nebenbei schreibt sie Liebesromane, die vorwiegend im englischen Adel spielen. Fürchterlich kitschige Schmalzschinken. Sie wird verlegt und ihre Bücher verkaufen sich wie geschnitten Brot. Sie arbeitet gerade an ihrem fünfundzwanzigsten Buch. Nebenberuflich. Nebenberuflich! Ne-ben-be-ruf-lich!

Die Küchenschublade mit dem scharfen Sashimi-Messer, dass Hilde mir verbietet zu benutzen, lacht mich immer mehr an, so, wie ich im Laufe der Jahre immer mehr über Hildes Schmalzromane gelacht habe.

Es gibt Autoren wie den Marc-Uwe Kling, die erfinden einfach ein kommunistisches Känguru und lassen ihr fiktives Selbst mit ihm zusammenziehen. In die Hose gemacht habe ich mir fast vor lauter Lachen.

Warum habe ich nicht solche Ideen? Dieser verdammte Kling. Musengünstling. In Bezug auf mein Leben ist dieser Mensch wie ein einziger Hohn. Der ist nur auf der Welt, um mich noch blöder dastehen zu lassen als es ohnehin schon der Fall ist. Den hätte Hilde für einen ihrer Kitschromane als meinen Antagonisten erfinden können.

Wenn das Leben so wäre, wie Hilde schreibt, würde jetzt der Kling auch noch mit Hilde vögeln. Und ich wäre der böse Ehemann, der Hilde immer verprügelt. Typ gewalttätiger, nutzloser Säufer eben. Und ich mache ganz fiese Sachen, um die beiden wieder auseinander zu bringen, aber gegen Ende gewinnt dann doch die Liebe zwischen Hilde und dem Kling. Das Wahre, Große, Schöne eben.

Ganz zum Schluss stolpere ich dann noch über einen Rasierpinsel und falle mit dem Gesicht in einen Topf Salzsäure. Nicht, weil es die Geschichte noch irgendwie voran brächte, nein, einfach, weil die Leser es mir von Herzen gönnen. Ich überlebe knapp, aber mein Sexualleben ist im Arsch, weil selbst die hartgesottenste Hafennutte sich bei meinem Anblick die Augen verbinden müsste, um nicht zu kotzen. Was für eine Geschichte, was für Verkaufszahlen wären das! Schön.

Ob die Hilde wohl wirklich heute Morgen zu Arbeit gegangen ist? Oder liegen die beiden schon im Bett und Hilde liest aus meinem Manuskript vor? Und meine Talentlosigkeit lässt sie dabei beide halb ohnmächtig vor Lachen werden; bevor und nachdem sie vögeln.

Einatmen, husten, ausatmen. Pinkeln. Duschen.

08:42 Uhr

Ich nähere mich vorsichtig unserem Kaffeevollautomaten der Marke „Jura", Modell „Impressa". Ein zweitausend Euro Ungetüm und vollkommen sinnfreies Geschenk ihrer Eltern. Es ist teurer als die gesamte übrige Küche zusammen genommen. Außerdem bin ich davon überzeugt, dass dieses Ding lebt – und mich nicht leiden kann. Ständig will es etwas von mir. Führte ich eine Strichliste, käme eindeutig dabei heraus, dass ich für die Maschine wesentlich mehr tue, als die Maschine für mich. Denn Kaffee kochen kann ich ganz alleine. Schon seit vielen Jahren. Was es hingegen von mir verlangt und im Display einklagt, kann es nicht selbst. Es ist einfach nur eitel, aufgeblasen und überflüssig: ich habe die Maschine auf den Namen Reinhold Beckmann getauft.

Ich schalte Reinhold an. Er überlegt. Das zeigt sich an einem blinkenden Display. Das Blinken stoppt, die Entscheidung ist gefallen: Reinhold will Wasser. Von mir aus, immer noch besser, als die Auffangschale leeren zu müssen, das endet in der Regel mit einer Sauerei auf dem Boden. Er bekommt sein Wasser und ich setze den vollen Tank wieder ein. Er überlegt blinkend und befiehlt: Auffangschale leeren! Ich folge seinen Anweisungen ohne ein lautes Wort.

Bohnen nachfüllen und Trester leeren sind die nächsten beiden Wünsche. Auch hier gehorche ich ohne Murren, denn heute Morgen ist meine Demut so groß, dass ich es mir nicht anmaßen will, gegen einen Kaffeevollautomaten aufzubegehren. Mein Kreislauf ist allerdings inzwischen auch ohne Kaffee auf vollen Touren. Kalt ist mir auf jeden Fall nicht mehr.

Zu schlechter Letzt will das hinterhältige Miststück allen Ernstes von mir entkalkt werden. Wenn er jetzt nicht entkalkt wird, sagt er blinkend, macht er gar nichts mehr - und zwar bis ans Ende aller Zeiten. Ich habe keine Chance, etwas dagegen zu tun. Mein Puls steigt auf mindestens hundertzwanzig.

Joggen ist Quatsch, so ein Reinhold in der Küche ist viel gelenkschonender.

Das Entkalken dauert gut und gerne eine halbe Stunde. Das Ding ist so perfide, teuflisch und durchtrieben - es würde mich nicht wundern, wenn es irgendwann per WLAN Kontakt zu anderen Kaffeemaschinen aufnimmt und die Weltherrschaft an sich reißt.

08:52 Uhr

Ich fahre schon mal den PC hoch. Das dauert in der Regel eine halbe Stunde, also genau so lange wie das

Entkalken des Kaffeemonsters Reinhold. Es ist Windows Vista.

9:22 Uhr

Nach dreißig Minuten ist Windows Vista plangemäß hochgefahren und das Display von Reinhold in der Küche blinkt. Länger als sonst, wie ich finde. Auch schneller. Es flackert, dann ist es dunkel. Nein, da ist es wieder. Es zeigt an: „09:22 Uhr – Jura Impressa hat die Kontrolle übernommen und den dritten Weltkrieg ausgelöst!"

09:23 Uhr

Das war selbstverständlich ein Scherz. Richtig ist, dass Windows Vista noch lange nicht hochgefahren ist.

09:24 Uhr

Das schreibe ich mir mal auf. Vielleicht kann ich es irgendwann irgendwo verwenden. Wenn es da etwas zu schmunzeln gibt, schmunzle ich aber in frühestens drei Monaten. Dann lese ich es noch mal und wenn ich dann nicht vor Scham über meine Talentfreiheit die Hände über den Kopf schlage, soll mir ein kleines Mundwinkelzucken recht sein. Vorher nicht. Den Fehler, mich nach jedem Flachwitz sofort wie eine Neuauflage Loriots zu fühlen und drauf los zu brüllen, mache ich nie mehr. Das ist mir in Hinblick auf das Suizidpotenzial dieser Vorgehensweise dann doch zu heiß.

Reinhold; das Sinnbild einer wahnsinnig gewordenen Konsumgesellschaft, spuckt brummend, röhrend und zischend endlich etwas Trinkbares in meine Tasse und ich setze mich an den Schreibtisch. Der Schreibtisch, von dem ich nach maßlosem Alkoholmissbrauch in absoluter Hochstimmung so oft gedacht habe, er stünde bestimmt irgendwann in einem Museum und die Dame mit dem Fähnchen in der Hand erklärt den Touristen: „An diesem Schreibtisch schrieb Fabian Dotheno seine größten Erfolge. Der Legende nach soll der Zahnabdruck auf der Tischplatte von Barack Obama stammen. Bei einem seiner zahlreichen Besuche im Hause der Dothenos soll er einmal vor lauter Lachen spontan in den Tisch gebissen haben."

Ja, ja. Es gibt wirklich einen Zahnabdruck. Der stammt aber von mir selbst und entstand während der Anfertigung meiner Einkommenssteuererklärung 2009.

Anstatt wie sonst das zu tun, was ich nach neuestem Erkenntnisstand gar nicht kann, schaue mir im Internet die Highlights der Harald Schmidt Show von gestern Abend an. Er hat nachgelassen, der Harald, keine Frage. Aber die Gags vom Stand-Up sind gar nicht schlecht. Sie bringen mich zwar nicht direkt zum Lachen, aber meine Gedanken wenigstens weg von der Küchenschublade mit dem Sashimi-Messer.

Was der Harald Schmidt da macht, könnte ich niemals. Wenn ich anfange einen Witz zu erzählen, wird mir nach den ersten drei Wörtern grundsätzlich nur noch aus Höflichkeit zugehört. Aber schreiben könnte ich die Gags von dem Herrn Schmidt schon, das traue ich mir sogar in der jetzigen Verfassung meines Selbstwertgefühls zu. Nun ja, wenn sich jemand wie *ich* zu einer solchen Aussage hinreißen lässt, ist das wohl ein sicheres Indiz dafür, dass die Sendung bald eingestellt wird. Aber einen Versuch ist es wert. Es gibt viele Autoren, die bei dem Schmidt angefangen haben und heute richtig gut im Geschäft sind. Besser als ich sind die Pfeifen auch nicht.

Mit Hilfe von google news suche ich nach Themen. Die Nachrichten von heute sind das reinste Humorsubstrat. Noch nicht einmal der dümmste Autor könnte verhindern, dass darauf die Gags nicht von selbst wuchern. Himmelherrgottnochmal, ist das einfach. Warum bin ich nicht früher darauf gekommen?

10:23 Uhr

1.)   Schlagzeile: Chuck Norris wird heute 75!

Wussten Sie schon, dass ihm gestern vom Berliner Senat die Bauleitung für den neuen Flughafen übertragen wurde? Eröffnung: Morgen 8:00 Uhr

2.) Schlagzeile: *Lance Armstrong werden alle 7 Tour de France Titel wegen Dopings aberkannt.*

Keith Richards von den Rolling Stones – bald wieder auf der Bühne zu sehen - soll dazu in einem Vier-Augen-Gespräch mit Armstrong gesagt haben: „Du hast Dir in Deinem Leben dreimal so viel reingepfiffen, wie ich. Respekt, Alter. Aber erklär mir mal, warum Du danach immer Fahrrad gefahren bist?!"

3.) Schlagzeile: *Dicke bedrohen Gesundheitssystem - die CSU will Zahl der fettleibigen Deutschen senken, sagt der stellvertretende Unions-Fraktionschef Johannes Singhammer. Der Anstieg der Dickleibigkeit in den letzten Jahren sei „beängstigend".*

Wie soll das gehen? Ganz einfach: Die bayerische Küche fällt ab sofort unter das Betäubungsmittelgesetz.

4.) Schlagzeile: *Ein italienisches Gericht hat sieben Seismologen der fahrlässigen Tötung für schuldig befunden, weil Sie nicht genug vor dem Erdbeben in L'Aquila gewarnt haben.*

Italien und die Justiz. Schlimm. Berlusconi läuft natürlich immer noch frei herum. Klar! Bei dem wusste die Justiz ja auch immer vorher ganz genau, wann und wo es Bumst.

Die vier Gags reißen mich nicht gerade vom Hocker, aber ich sende sie trotzdem an die Redaktion der Harald Schmidt Show mit dem Betreff „Arbeitsproben". Schlechter als das, was ich da gerade in den Highlights gesehen habe, sind sie nämlich auf keinen Fall. Das mache ich jetzt so lange, bis die sich melden. Vielleicht ist ja doch noch was mit mir anzufangen.
Ich darf nur nicht den Fehler machen, pampig zu werden, wenn die sich nicht in einer mir als angemessen empfundener Zeit melden. Das kann bei mir bizarre Formen annehmen und mir fällt dazu was ein. Ich notiere:

11:32 Uhr

Trotz der brillanten Gags, die ich soeben an die Redaktion der Harald Schmidt Show geschickt habe, hat sich noch immer niemand zurückgemeldet. Es gibt dafür nur eine Erklärung: Alle sind vor Lachen tot vom Stuhl gefallen. Es kann natürlich auch sein, dass die ebenfalls Windows Vista auf ihren Rechnern haben und erst ab dem frühen Nachmittag arbeiten können!? Nein, jetzt weiß ich es. Die haben auch einen Jura Impressa Kaffeevollautomaten, um den die sich permanent kümmern müssen. So scherze ich, tolle ausgelassen wie ein junges

Gagschreiberfohlen auf der saftigen Witzwiese unbekümmert vor mich hin.

11:42 Uhr

Keine Reaktion. So langsam werde ich ernsthaft sauer. Ich rufe bei der Produktionsfirma an. Die Dame in der Zentrale fragt, ob ich mit dem Headwriter sprechen möchte, Herr Schmidt sei gerade außer Haus. Ich verneine und möchte stattdessen wissen, ob es den Leuten in der Redaktion gut geht und alle auf ihren Stühlen sitzen. Die Zentraldame sagt, dass alles in Ordnung sei.

12:12 Uhr

Nichts! ‚Diese arroganten Fernsehfatzken', denke ich mir, will aber auch nicht voreilig sein, das hat mir schon zu viel in meinem Leben kaputt gemacht. Ich rufe noch mal in der Zentrale an. Die Dame ist wieder sehr freundlich und sagt, sie könne mich jetzt auch direkt mit Herrn Schmidt verbinden, da dieser wieder im Hause sei. Ich lehne auch dieses Angebot dankend ab und möchte stattdessen wissen, ob die in der Redaktion auch Windows Vista auf dem Rechner hätten. Die Dame sagt, das ihres Wissens in der ganzen Firma Windows XP läuft. Das macht mich stutzig.

12:40 Uhr

Es reicht. Was für Kotzbrocken. Ich rufe noch mal an. Diesmal will ich Harald Schmidt direkt sprechen. Das macht ja auch wirklich mehr Sinn. Er meldet sich mit seinem Namen und wünscht mir einen guten Tag. Ich brülle: „Jetzt pass mal auf, Du Riesenarschwichspfeifendödel! Wenn Ihr keinen Jura Impressa Kaffeevollautomaten in der Firma stehen habt, reiß ich Dir den Kopf ab und scheiß Dir in den Hals!" Ich knalle den Hörer auf.

10:32 Uhr

Ich nehme noch einmal diesen geistigen Verkehrsunfall zur Hand, der einst ein Buch werden sollte und lese quer.

Auch in der Revision fällt das Urteil vernichtend aus. Dreiundachtzig unfreiwillige Horrorgeschichten. Vielleicht sind ein paar Fragmente nutzbar; ansonsten ist es tatsächlich so schlimm, wie ich es heute Morgen in Erinnerung hatte. Einfach nur peinlich.

Ich schaue aus dem Fenster; jongliere mit den übrig gebliebenen Texttrümmern in meinem Kopf. Meine Imagination klebt und bastelt damit wie ein ganzer Kindergarten vor Weihnachten, brauchbar ist davon nichts.

10:42 Uhr

Ich gehe mal einkaufen.

10:56 Uhr

Unter anderem habe ich zwei Träger Bier gekauft. Das zieht vormittags schon mal den ein oder anderen tadelnden Blick auf mich. Es sind Blicke, die ganz klar sagen: „Ich weiß, dass Du Dir die zwei Träger gleich zu Hause, womöglich sogar unter einer Brücke, hinter die Binde gießen wirst, Du asoziales Stück, Du." Das entspricht natürlich nicht der Wahrheit. Ich habe noch nie unter einer Brücke Alkohol konsumiert und der Begriff „gleich" ist ein relativer. Ich hasse dieses Vorurteilsdenken. Vielleicht oder gerade deshalb, weil ich selbst alles andere als frei davon bin. Ich bin zwar ein ausgesprochen kopflastiger Mensch, aber mein Hang zu differenziertem Denken tritt eher bei abstrakten Themen wie der Stringtheorie oder der Geldmarktpolitik der EZB zu Tage. Ja, bei solchen Dingen benutze ich gedanklich Operationsbesteck der Neurochirurgie; bei Menschen jedoch neige ich eher zur Abrisskugel als Instrument der Urteilsbildung. Das ist unschön. Ich möchte dazu etwas schreiben, auch wenn es sinnlos erscheinen mag. Wehe dem Talentlosen, der eine Berufung in seinem Grützkopf zementiert hat und nicht mehr anders kann. Meterdicker Stahlbeton aus Illusionen, nicht mit allem Dynamit der Welt angreifbar, stark, drohend, die uneinnehmbare Festung der Idioten. Ich nehme Hilde und mich als Hauptfiguren.

In unserem Einkaufswagen befinden sich in der Hauptsache drei Packungen Blockschokolade sowie zwei Kisten à sechs Flaschen Chateau la Roche 2011. Hildes Wochenration. Die ist genau bemessen und sollte zur Vermeidung eines vorzeitigen Multiorganversagens nicht überschritten werden. Dieser Rat stammt von unserem Nachbarn Horst.

Horst lebt seit vielen Jahren mit rotem Kopf und gelben Augen zwei Etagen unter uns und verrottet langsam. Er hat weder einen Job, noch Freunde oder Hobbys, aber immerhin verreist er gerne. Vorzugsweise in Dritte-Welt-Länder, weil er sich dort neben der Landschaft auch gleich potenzielle Kandidaten für eine Spenderleber ansehen kann. Wenn es um Alkohol geht, sollte man seinem Rat folgen.

Eine neue Kasse öffnet und ich würde mich gerne dort anstellen, aber Hilde hat das Portemonnaie dabei und wenn es ans Bezahlen geht, kann ich der Kassiererin schlecht sagen „Augenblick, meine Freundin hat das Geld". Für einen Mann ist so etwas ein Offenbarungseid, da kann er sich gleich die Hoden von der Kassenlade abquetschen lassen.
„Hilde!" zische ich halblaut durch den Discounter. Sie steht einige Meter entfernt vor einem Sonderposten Rotwein und zeigt keine Reaktion. Dafür drehen sich einige Köpfe in meine Richtung. „Hilllllldääääää", zische ich etwas lauter und länger. Diesmal schauen mich alle in Sicht- und Hörweite an – außer Hilde. Ein unsympathisch wirkender Mann fixiert mich mit seinen Augen. Er starrt mich an und hört nicht auf damit. Unfassbar. Jemand sollte dem Schwachkopf vielleicht mitteilen,

dass ein solches Verhalten in der Natur als Aggression interpretiert wird; und zwar artenübergreifend! Ich bekomme wirklich Lust, ihm das beizubringen.

Doch als humanistisch gebildeter Mensch fixiere ich zunächst nur gewaltlos zurück. Meine Augen lassen dabei keinen Zweifel, dass ich seine gesamte Familie kalt lächelnd in ein Osterfeuer schicken werde, wenn er nicht auf der Stelle den Schwanz einzieht. Das scheint Wirkung zu zeigen. Endlich wendet er seinen Blick von mir ab und tut so, als würde ihn die Erdbeermarmelade im Regal vor ihm interessieren. Wieder einmal wird mir klar, dass diese Welt aus Gewinnern und Verlierern besteht.

„Ich glaub, den probier ich mal", sagt Hilde, die plötzlich neben mir steht und den Sonderpostenrotwein in den Einkaufswagen legt. Die zwölf Flaschen Chateau la Roche Woche für Woche; an die gewöhnt man sich. Flasche Nummer dreizehn finde ich irgendwie übertrieben. Ich möchte auch nicht, dass Hilde ihren nächsten Urlaub mit Horst verbringt.

Eine dünne, ältere Frau im Chanel-Kostüm vor uns in der Schlange mit einem Überbiss, der jedem Gaul die Schau stehlen würde, schaut angewidert in unseren Einkaufswagen und dann konsequent säuerlich an uns vorbei. Ihr steht die Verachtung für uns auf der Stirn geschrieben. „Saufende Unterschicht" lautet ihr Urteil. Sie hat ihren Enkel samt Kindersitz auf ihren Wagen montiert. Alles an ihr, aber besonders ihre Drei-Wetter-Taft-Frisur strahlt erfolgreich absolvierte Brutpflege in den sechziger bis siebziger Jahren aus. Mindestens drei Kinder hat sie durch das Abitur geprügelt. Heute Rechtsanwalt, Oberstudienrat, Arzt. Jede Wette. Für so etwas habe ich einen untrüglichen Instinkt. Und jetzt werden ihr die Enkel anvertraut. Sie schaut uns noch einmal an. Sie denkt: „Und dafür zahlen meine Kinder so viele Steuern!" Ich weiß, dass sie das denkt. Ich sehe so etwas! Hilde zieht ihre Oberlippe leicht nach oben. Spießig gekleidete, ältere Damen aus der oberen Mittelschicht, die mit vorurteilsbeladener Arroganz anderen in den Einkaufswagen glotzen, frisst sie gerne zum Frühstück. Hilde wartet selten bis zum Morgengrauen, Hilde greift sofort an.

„Ich finde, Alkoholismus wird in unserer Gesellschaft immer noch viel zu sehr tabuisiert", eröffnet sie. „Vor allem vor dem Hintergrund, da er wirklich alle Gesellschaftsschichten betrifft. Schwer zu verstehen."

„Naja, meine Liebe", wende ich ein, spiele mit einer unsichtbaren Hornbrille in meiner Hand und setze mein „Leiter der psychiatrischen Landesklinik" Gesicht auf, „so schwer nun auch wieder nicht. Die Hartz IV Fraktion hat keine Lobby und im Grunde hat das Establishment nichts dagegen, wenn die sich zu Tode saufen. Also wird auch nicht darüber geredet."

Hilde nickt. „Und was ist mit der sogenannten Oberschicht?"

„Hmmm", summe ich nachdenklich und reibe mein Kinn. „Du meinst Rechtsanwälte, Lehrer, Ärzte?"

„Ja, genau!" Hilde ist begeistert. Wir verstehen uns.

„Da ist es noch viel schlimmer. Bei mir in der Klinik gehören etwa 80% der Suchtkranken zu diesen Berufsgruppen. Sie alle haben es geschafft, ihr hässliches kleines Geheimnis so lange für sich zu behalten, dass sie jetzt richtig in der Patsche

sitzen. Die Familienangehörigen waren allesamt völlig ahnungslos – bis der totale Zusammenbruch sie endgültig aus ihren Heile-Welt-Träumen gerissen hat."

„Schlimm", meint Hilde betroffen. „Wie ist das nur möglich? Man sollte doch meinen, dass diese Menschen keinen Grund hätten zu trinken."

Ich nicke verständnisvoll und seufze. „Ja, diese Auffassung ist unter Laien stark vertreten. Bildung und materieller Wohlstand sind jedoch keine Garanten für eine gesunde Psyche. Sucht ist immer ein Ausdruck für ein Defizit."

„Interessant, was sind das für Defizite?"

„Die entstehen üblicherweise in der Kindheit." Kunstpause. Luft holen. *„Es sind nahezu ausnahmslos Mütter, die in einer Mischung aus übertriebenem Ehrgeiz und Kompensation ihrer eigenen unerfüllten Lebenswünsche, ihren Kindern Strukturen und Ziele aufoktroyieren, die dem Kind überhaupt nicht entsprechen. Diese Mütter sind darüber hinaus meist unfähig, einem Kind die nötige Liebe zu geben, aus der Selbstwertgefühl aber erst entstehen kann. Diese armen Kinder haben dann ihr Leben lang die unbewusste Programmierung, keine Liebe verdient zu haben. Das treibt sie in die Sucht und sie wissen noch nicht mal warum."*

Hilde nickt euphorisch. „Sag mal, ich habe gelesen, dass es oft Mütter betrifft, die sexuell frustriert sind, stimmt das?"

Ich wiege bedächtig den Kopf. „Nun ja, das ist nicht ganz korrekt. Aber ich glaube, Du meinst das richtige. Diese Frauen sind nämlich mehrheitlich aus entwicklungspsychologischen Gründen frigide; das ist ein Unterschied. Aber das meintest Du sicher, oder?"

"Ja, das stimmt", pflichtet mir Hilde bei und schaut mich irgendwie verliebt an. Sie fährt fort: "Also Du meinst... also solche, die man umgangssprachlich als Trockenpflaumen bezeichnet?!"

"Deine laienhafte Wortwahl könnte das ein oder andere zarte Gemüt sicher sehr verletzen, aber wo Du recht hast, hast Du recht", antworte ich und mich überkommt das Bedürfnis, mein Schatzimausi noch vor Verlassen des Supermarktes nach allen Regeln des youporn zu vernaschen. Das dürfte der Vorurteilshochleistungssportlerin da vor uns den Rest gegeben haben.

Tatsächlich: sie sieht jetzt sehr blass aus. Sie steht vor dem Kassierer, der sie etwas erschrocken ansieht.

"Mama! Was ist los?" fragt er. "Wie war's beim Arzt heute Morgen? Sind Deine Leberwerte immer noch nicht besser?"

Sie winkt müde ab und murmelt: "Nein, leider nicht, mein Junge. Mein Gott, bin ich froh, dass ich trocken bin. Habe ich früher eigentlich sehr viel Blödsinn geredet?"

12:12 Uhr

Zufrieden bin ich mit der Geschichte nicht. Ich mag moralische Zeigefinger nicht gern. Jede Form von Kunst sollte Fragen aufwerfen und nicht beantworten, sonst findet sie sich ganz schnell in der Lektüre für die siebten Klassen wieder und wird mit Günter Grass in eine Schublade gesteckt. Und das kann ja nun wirklich keiner ernsthaft wollen. Ich weiß auch nicht, was

Hilde dazu sagen wird, wenn ich ihr in der Fiktion ein Alkoholproblem unterstelle. Allzu weit entfernt von der Realität ist es zwar nicht, aber sie wird wahrscheinlich anregen, dass ich mir erst mal selber an die rote Nase fassen soll. Da fällt mir ein: ich könnte mir mal ein Bier aufmachen.

Prost!

Wenn die Sache mit dem Herrn Schmidt klappen sollte, ist für mich jeden Tag um zwei Uhr Feierabend. Bis dahin müssen die Autoren nämlich geliefert haben, wie ich hörte. Um elf kommen die Themen per Mail; um zwei ist Abgabe. Drei Stunden Arbeit am Tag. Wenn ein Gag von mir in der Woche gesendet und jeder mit sagen wir 300 Euro vergütet wird, ist das schon in Ordnung. Im Vergleich zu Hildes Einkommen ist das zwar ein sozialkritischer Witz, aber ich könnte damit wenigstens meinen Zigaretten- und Bierkonsum aus eigenen Mitteln bestreiten. So etwas baut das Selbstwertgefühl bestimmt ganz ungeheuer auf. Außerdem habe ich dann trotz des Jobs bei Schmidt genug Zeit, neue Geschichten für mein Buch zu schreiben *und* habe beim Fernsehen einen Fuß in der Tür.

Da kann ich mich dann langsam an wirklich gute Leute wie den Pastewka heranpirschen und darf irgendwann Qualität produzieren. Pastewka ist schon eine ganz andere Nummer. Bei dem muss man auch schon was können. Und wenn ich den Pastewka im Sack habe, wer weiß? Hollywood? Da muss man aber erst mal der Autorengewerkschaft beitreten, sonst wird man dort nicht beschäftigt. Glaube ich. Oder? Die sitzen irgendwo in Los Angeles. Das sollte ich vorsichtshalber schon mal googeln. „Writers Guild of America." Richtig, so heißen die. Was kostet das im Monat?

Prost!

Welche Auswirkungen ein Bier am Mittag auf meinen Kopf hat, erschreckt mich manchmal selbst. Immer schön geschmeidig bleiben. Der Schmidt wäre für den Anfang schon Klasse. Es gibt ja auch Leute, die müssen für den Pocher schreiben. Das sollte man sich immer vor Augen halten.

Wenn ich früher nicht aufgegessen habe, kam der Standardspruch meiner Eltern: „Denk an die armen Kinder in Afrika". Das fiel mir immer schwer, weil ich so satt war, aber wenn der Herr Schmidt mal einen Autoren anranzt und der an Kündigung denkt, sollte man ihm einfach sagen „Denk an die armen Autoren, die für den Pocher schreiben müssen". Und schon bekommt er ein schlechtes Gewissen, ist wieder lieb und schreibt weiter.

Ja, so ist das wohl im Showbiz.

Zweite Flasche Bier.

Prost!

14:55 Uhr

Hoppla, auch schon leer. Ein drittes geht aber auf jeden Fall noch.

Ein oder zwei Bier sind sowieso Quatsch. Damit erzielt man nicht die gewünschte Wirkung und kann man es auch gleich bleiben lassen. Ein sechzehnjähriger Junge sagt ja auch nicht zu dem Topmodel ‚danke, einmal anfassen reicht mir schon'. Und Inka Bause von ‚Bauer sucht Frau' hört auch nicht nach einer Alliteration oder einer plumpen Zweideutigkeit auf. Ich möchte mal wissen, wer für die schreibt. Vielleicht macht die das ja auch selbst, die impertinent irrsinnige Inka. Die breitmäulige Beklopptenbause; der armselige Alliterationenautomat. Falls ja, ist die miserable Medienhyäne bestimmt unheimlich zufrieden mit sich – und hält sich auch noch für gut! Die sitzt nicht morgens in der Küche mit Selbstzweifeln und starrt Besteckschubladen an; nein, die blamiert brunftige Bauer mit Bumsdefiziten im Brivatbernsehen; die Bratze.

Brost!

Vielleicht sollte ich mich auch mal bei denen bewerben. Wer weiß? Am Ende erkennt der Harald Schmidt gar nicht, dass seine Sendung dringend frisches Autorenblut braucht und dann stehe ich da wieder – als wortgewaltiger Wichtigtuer ohne Würde; also lieber laufend Lliterationen liefern.

15:12 Uhr

Ein viertes geht noch. Dann ist aber Schluss. Auch mit Lustig. Natürlich weiß ich, dass der Schmidt ein fünfundzwanzigköpfiges Autorenteam beschäftigt. Jeder von denen muss täglich zwanzig Gags liefern. Also landen fünfhundert Gags jeden Tag auf dem Entscheidungsaltar und vielleicht zwanzig werden gesendet – und bezahlt.

Wenn das auch nur im Groben der Realität entspricht, klingt die Sache nach Urwald, Evolution, survival of the funniest. Sich da durchzusetzen dürfte eine harte Nuss werden. Ich könnte mir vorstellen, dass sich unter der Sprungbrettwurst Harald Schmidt permanent die deutsche Jungautorenmeute tollwütig kläffend versammelt und gegenseitig blutig beißt. Also brav und hartnäckig jeden Tag gute Arbeitsproben abliefern und sehen, was passiert. Nicht meckern - machen. Also mal den umgekehrten Weg versuchen.

Ich schaue durch das Fenster nach draußen. Es ist noch früh, ich könnte noch was schreiben. Mir fällt aber nichts ein. Kein Ansatz. Nicht einmal ein Unbrauchbarer. Das liegt auch am Bier. Es gibt ja Schriftsteller, die haben den ganzen Tag gesoffen, waren dabei richtig gut und sind weltberühmt geworden. Wie sagte schon Horaz? „Gedichte, die von Wassertrinkern geschrieben wurden, können nicht lange Gefallen erregen." Bei mir wird das nie funktionieren. Wenn mein Hirn nach drei Flaschen Bier eine Idee zur Welt bringt, ist ihr später auf jeden

Fall deutlich anzumerken, dass die Mama während der Schwangerschaft gesoffen hat.

Mein altes Notizbuch von 1988 (Experimentelle Lyrikphase) kann das bezeugen. Dort steht zu lesen:

18:17 Uhr... ich notiere:
Torkelnde Traumtürme trinken tristen Tran; talentlos; traurig; tragisch.
Triumpfe terrorisieren tatenlos tobende Täter; töten treibende Tote.
Träumende Tiger tränken tiefe Tränentäler.
Taube Tinte; treibt träge tastend Tage; trägt tanzend Tonnen.
Mir will nichts mehr einfallen. Ich gehe jetzt in die Stadt und saufe mir einen an. Möge mich die Muse danach wieder lieb haben.
03:58 Uhr... ich notiere:
Toll, toll, toll.
Toll, toller, Tolstoi.

Also kann ich getrost für heute aufhören.
Prost!

15:48 Uhr

Ich weiß nichts mit mir anzufangen, mir ist langweilig. Unten auf der Straße hat sich nichts verändert. Jedes einzelne Auto, jedes Fahrrad, ja sogar jedes Blättchen, das irgendwann von einem Baum gefallen ist, befindet sich noch an haargenau der Stelle, an der ich es zuletzt gesehen habe. Die genaue Betrachtung meines Bücherregales ergibt ein ähnliches Resultat. Es ist alles beim Alten, nur ein Buch von Dan Brown ist umgefallen. Wahrscheinlich akute Qualitätsinsuffizienz der Prosa.

Himmel, ist mir langweilig. Von wegen „alles ist im Fluss". Was meinst Du, Heraklit? Die Zeit steht still; damit auch der Raum. Oder umgekehrt? Ich weiß nicht. Auf jeden Fall: wenn alles immer im Fluss sein soll, dann muss das hier wohl gerade so eine Art Zeitinfarkt sein.

Mann: „Schatz, ich glaube, ich kriege einen Zeitinfarkt."
Frau: „Dann spiel doch ausnahmsweise mal mit den Kindern."

Ich wünschte, ich könnte schreiben, wie ein Bestsellerautor. Präziser formuliert: mein Konto will das.
Der Dan Brown zum Beispiel, der alte Cliffhangerjunkie, der hat es geschafft. Er hat seine Olivenhaine oder was auch immer er sich so vorgestellt hat. Dabei hat er einen Erzählstil wie der erste Mensch. Gegen Ende des Romans steigert er einfach die Anzahl der Handlungsstränge ins Aberwitzige und kürzt die Länge der jeweiligen Kapitel analog dazu bis zur Lächerlichkeit. Jeder Handlungspups wird dabei mit einem Cliffhanger

versehen. Er scheint Angst zu haben, dass ihm die Hand oder sonst etwas abfault, wenn er nicht so vorgeht.

Das sollte ungefähr so funktionieren:

Kapitel 587
Mit Augen, die keinen Zweifel offen ließen, dass sie das wahre Grauen gesehen hatten, blickte mich der Fremde an. „Oh, mein Gott", keuchte er, verschluckte sich an seinem eigenen Blut und hustete. „Helfen Sie mir. Mein Name ist…"
Er konnte nicht weiter sprechen. Wer mochte dieser Fremde sein?

Kapitel 588
„Lass mich, ich will jetzt keinen Sex."
„Die ganze Story ist aber so aufgebaut, dass wir am Ende…"
„Ja, aber jetzt doch noch nicht, Du Torfkopp."
Werden die beiden zusammenkommen und zusammen kommen? Die Chancen stehen denkbar schlecht.

Kapitel 589
„…Fabian", presste er mit letzter Kraft hervor. „Und ich… ich… ich…" Sein Kopf fiel kraftlos zur Seite. Ein letzter Atemhauch strömte über seine Lippen – er war tot.

Kapitel 590

„Ja, nu mach schon, Du Hengst. Das Buch ist gleich zu Ende. Jetzt kneifste, wa? Wird Zeit!"

Kapitel 591
Wenigstens beinahe. Er gab mir ein Zeichen, mich zu ihm herunter zu beugen. Mein Ohr näherte sich seinen Lippen. „Ich… ich", stammelte er, „ ich hasse Cliffhanger."

Kapitel 592
„Wenn es ein Junge wird", säuselte sie noch trunken von flammender Ekstase, „nennen wir ihn Fabian."

Das ist keine große Erzählkunst, macht aber ungeheuer reich. Und ich sitze da mit meinen Ansprüchen, denen ich selber nicht gerecht werden kann und finanziellen Verhältnissen, die Charles Dickens locker zu drei Romanen inspiriert hätten. Vielleicht sollte ich mal versuchen, einen Literaturpreis zu ergattern? Wenn ich schon nicht wie Dan Brown schreiben kann oder will, dann könnte ich es ja mit Anspruch versuchen?! So wie der Herr Grass zu Beispiel. Es reicht ja, den Anschein von Anspruch zu erzeugen. Das ist alles eine Frage der Komposition, wie bei allen Dingen im Leben. Von der Schaffung des Universums bis zu Salatsaucen. Als Grundzutat muss das richtige Thema her, sonst ist es Essig mit dem Literaturpreis: Drittes Reich, Nazis, Judenverfolgung, neuerdings auch irgendwas mit Stasi, Wende, Ostalgie. Die Themen garantieren keinen Preis, sind aber

Grundvoraussetzung. Hinzu kommt der Tabubruch. Gut ist immer etwas pornographisches, dass den bisherigen Rahmen der hohen Literatur sprengt und spießbürgerliches Entsetzen provoziert. Die Tomaten in diesem Salat sind dann pseudokünstlerische Lyrik, die sich über viele, viele Seiten zieht und keine Sau versteht. Dieses „nicht verstehen" ist äußerst wichtig. Denn wenn sie verstanden wird, ist das Prädikat „künstlerisch" sofort weg und wird durch „was ist das denn für ein Schwachsinn?" ersetzt.

Das ist aber gar nicht so schwer, wie man meint. Einfach eine ganz dicke Tüte durchziehen, dann läuft das schon mit der literarisch sinnlosen Wortakrobatik. Die Lyriktomaten gut mit dem Nazi/Stasithema und der spießerfantasieprengenden Pornographie mischen. Fertig. Das Feuilleton jubelt, die Preise regnen vom Himmel und die Germanistikstudentinnen ins Bett.

Hilde hat tatsächlich mal einen Preis bekommen. Das ist aber lange her; irgendein Nachwuchswettbewerb. Ich traue ihr zu, dass sie sich auch heute noch so verbiegen könnte, ganz gezielt auf einen Preis hinzuschreiben. Sie ist halt eine Opportunistin. Und Geld hat sie auch.

Literaturpreis

Hilde fläzt sich auf der Couch und konsumiert Blockschokolade und Chateau la Roche 2011 in so aberwitzigen Mengen, dass man meinen könnte, sie wolle sich an ihrem Körper für irgendwas ganz Schlimmes rächen. Im Fernsehen brät Johann Lafer einen Hirsch zartrosa. Ich fühle mich unterfordert und ignoriert. Dann und wann meinen Hinterkopf kratzend, atme ich mehrfach tief ein und aus. Der Wunsch, Johann Lafer aus meinem Fernseher zu schmeißen und stattdessen einen Qualitätsfilm anzusehen, keimt in mir. Nur fehlt mir noch der Mut, mich meiner Wohnzimmerprogramm-direktorin zu offenbaren. So lasse ich zunächst einmal meinen Hintern unruhig hin und her rutschen und räuspere mich mehrfach.

Höchste Sensibilität wird dem weiblichen Geschlecht zu Recht als eine ihrer hervorragendsten und anbetungswürdigsten Eigenschaften zugeschrieben. Hilde fragt auch schon nach etwa fünfunddreißig Minuten, was denn los sei.

„Ich will Terminator 2 gucken", presse ich mit vom Dauerräuspern heiser gewordener Stimme heraus. Hilde legt ihren Kopf zur Seite und schaut mich an. Ein Lächeln voller Verständnis, aber auch voller Mitleid und Verachtung erscheint auf ihrem sonst so engelsgleichen, von den menschlichen Niederungen dieser Welt unberührten Antlitz. „Schatz, das ist doof", sagt sie und dehnt dabei die o's in doof. Das ist ihr Standard Cineasten-Argument.

Einen Antrag auf Neuverhandlung werde ich nicht mal stellen, die Erfahrung lehrt, das Richterin Hilde nach so kurzer Zeit keine Revision zulassen wird. Also kratze ich wieder an meinem Hinterkopf und wir schauen weiter Herrn Lafer beim Kochen zu. Wie ich dummerweise jetzt erst feststelle, ist „wir" gar nicht korrekt. Nur ich beobachte den Hirsch beim Bräunen. Hilde kramt die ganze Zeit schon in irgendwelchen Unterlagen, die sie vor dem Sofa gestapelt hat.

„Du guckst ja gar nicht!" *sage ich vorsichtig empört.*

„Doch!" *lügt Hilde ungerührt und lässt mich wieder mal mit Hilfe nur eines einzigen Wortes argumentativ und intellektuell komplett gegen die Wand fahren.*

Ich schließe kurz die Augen und konzentriere mich auf meine Atmung. „Was hast'n da?" *frage ich, als ich sehe, dass sie eine ziemlich edel aussehende Mappe in der Hand hält.*

Ohne aufzuschauen klärt sie mich auf, dass es sich um einen Literaturpreis handelt.

„Ach!?" *führe ich dazu aus.*

„Ja, für Lyrik."

„Dachte, Du schreibst nur Prosa?!"

„Ist schon älter."

„Lass mal hören."

Hilde schaut mich aus den Augenwinkeln prüfend an.

„Na, komm. Titel des Werkes?"

Hilde spitzt die Lippen, zieht sie in die Breite und spitzt sie wieder. „Hm… Eisprung."

Meine Augenbrauen hüpfen nach oben. Ich kann nichts dafür.

„Lass doch mal hören, bitte."

„Na gut." *Hilde räuspert sich und deklamiert:*

„Eisprung!
Ei
Prung
Sung
Rung
Ung
Ng
G
Ei"

Meine Hände winden sich ineinander, ich kaue von innen an meiner Unterlippe.
„Und?" fragt sie.
Ich schmecke Blut im Mund. Schmeckt wie roher Hirsch.
„Was genau möchtest Du, also, ähhh ... ?" frage ich.
Sie blättert in der Mappe.
„Also durch den Zerfall des Wortes Eisprung wird die Semantik des Wortes sprachlich und visuell in drastischer Ästhetik versinnbildlicht und gleichzeitig am Ende das Ei als Folge dieses Zerfalls als verletzliche, nackte und isolierte Entität entlarvt, darüber hinaus wird die Frau als solche zum bloßen Gefäß für das Ei erniedrigt. Also gesellschaftlich gesehen. Dialektisch, kritisch, sozial."
„Das Gedicht soll also ausdrücken, dass Frauen im Grunde Eierkartons sind? Das ist doch Quatsch", wage ich mich vor.
„Du siehst es vielleicht einfach nicht, hm?" meint sie und legt ihren Kopf wieder zur Seite.

„Steht das denn da in der Laudatio? Da in der Mappe? Ist die da drin?"

„Ja, ja, das steht da so sinngemäß." Hilde greift nach ihrem Glas, ich schnappe mir die Mappe.

„Hey!"

„Na, lass mich doch mal gucken, Schatz."

Ich überfliege das Dokument und bin irritiert.

„Wer ist denn bitte Frau Lea Grünthal-Ranicki?" frage ich, denn das steht auf der Urkunde unter dem Wort „Preisträger/In.

Hilde wird rot.

Ich lese laut weiter.

„Vita: …" „… mutige Frau, tapfer im Kampf um das Überleben des Staates Israel, Unterstützerin eines progressiven Siedlungsstils…"

Mir wird schlecht, lese aber weiter.

„… wird der Schlomo Goldberg Gedächtnispreis für zeitgenössische Lyrik verliehen. … Dotiert mit 10.000,00 Euro"

Ich schaue auf. „Hilde, Du Schwein."

„Ach hör doch auf."

„Du Schwein!"

„Meeeeensch!"

„Du hast Dich als radikalzionistische jüdische Siedlerin und mögliche Verwandte Reich-Ranickis ausgegeben, um einen Literaturpreis zu gewinnen?"

Hilde macht eine Schnute und verschränkt die Arme: „Machen sie doch alle."

„Quatsch – sowas bringst nur du. Du spekulierst einfach darauf, dass Juden in Deutschland eher Preise bekommen als andere. Also was Literatur, Film und Kunst angeht."

Hilde springt auf, wird knallrot vor Wut, beugt sich vor und piekt heftig mit ausgestrecktem Zeigefinger gegen mein Brustbein. Ihre Nase ist drei Zentimeter von der meinen entfernt. Sie schreit:

„Siehste!? Siehste? Siehste? Wegen solcher miesen Vorurteile und solcher Drecksnazis wie Dir, die so einen Scheiß auch noch glauben und verbreiten, brauchen wir genau solche Preise mehr denn je. Pfui Teufel. Du kotzt mich an!"

Hilde verschwindet mit einem Türknallen als Abschiedsgruß aus dem Wohnzimmer.

Die DVD Hülle von Terminator 2 ist leer.

18:01 Uhr

Hildes Bus ist nicht pünktlich. Ich sitze am Küchentisch und löse Kreuzworträtsel. Im Radio gibt es gerade die Nachrichten. Es geht um Annette Schavan, unsere ehemalige Ministerin für Bildung und Wissenschaft. Schavan. Ich notiere:

Reporter (Bunte): „Frau Schavan, waren Sie damals von der Aberkennung Ihres Doktortitels überrascht?"

Ehemalige Ministerin für Bildung und Wissenschaft: „Nein, mir schavante da schon was im Vorfeld."

Reporter (Bunte): „Was ist ihr Leibgericht?"

*Ehemalige Ministerin für Bildung und Wissenschaft:
„Schanitzel."*

18:09 Uhr

Rumms. Das war die Wohnungstür. Hilde flötet ihr semigenervtes „Hallo" in den Flur.
Das semigenervte „Hallo" findet bei einer Busverspätung von fünf bis zwölf Minuten Anwendung. In welchem Bereich genau wir uns zwischen der fünf und zwölf befinden, ergibt sich aus feinsten Nuancen in der Stimmmodulation, die wiederum von Witterungs-einflüssen wie Regen, Kälte, Wind und Faktoren wie Patienten, Kollegen, Vorgesetzten und Verdauung abhängig sind. Sind diese Variablen bekannt, ist an ihrem „Hallo" die Uhrzeit besser als an jeder Atomuhr abzulesen.

Leider liegen mir diese Daten nie vor und ich muss auf die Küchenuhr gucken, wie jeder andere Depp auch.

Mein Gedächtnis für häusliche Aufgaben meldet sich schlagartig zu Wort. Den ganzen Tag hat es keinen Mucks von sich gegeben und jetzt schreit es mein schlechtes Gewissen gegenüber der Brötchenverdienerin an.

Ich habe nicht:
- den Müll runtergebracht

- Staub gesaugt
- Bohnensuppe gekocht

Ich habe:
- vier Bier getrunken

Ob sie meine Fahne riechen kann? Ich halte meine Nase in die Küchenluft und schnuppere. Ja, die Fahne ist deutlich zu riechen, auch wenn der volle Mülleimer unter der Spüle noch stärker stinkt.
Ich erwidere ihr „Hallo" und versuche meiner Stimme einen Klang zu verleihen, aus dem nichts Verfängliches für Hilde heraus zu lesen ist. Wie immer ein von Anfang an zum Scheitern verurteiltes Vorhaben. Würde ich, so wie Stephan Hawking, nur mit Hilfe eines Sprachcomputers kommunizieren können, wäre sie trotzdem mühelos in der Lage, mir nur anhand der Klangfärbung dieses elektronisch erzeugten Gesummes ein Verhältnis mit der Silke, die damals in der 7b neben mir saß und die ich seit dreißig Jahren nicht mehr gesehen habe, anzudichten. Wenn der Bus dreizehn Minuten Verspätung hat, sogar irgendwas inzestuöses, auch wenn ich gar keine Schwester habe.

„Bin im Bad", informiert Hilde knapp aus dem Flur. Ein paar Minuten Zeit habe ich so gewonnen, aber ich kann nichts damit anfangen. Ich kann jetzt weder die Wohnung saugen, noch Bohnensuppe kochen. Nicht ohne noch größeren Gesichtsverlust. Die Züge sind abgefahren. Ich schaffe es auch nicht in der Zeit, die sie im Bad verbringen wird, den Müll herunter zu tragen. Allerdings könnte ich ihn wenigstens vor die Tür stellen, ohne dass sie etwas davon mitbekommt. Es wird sich heute Abend schon eine Gelegenheit ergeben, ihn aus dem Haus zu schaffen.

 Ich schaue sicherheitshalber noch einmal nach. Tatsächlich ist der Mülleimer voll. Randvoll. Ich sollte ein Foto davon machen und der Dudenredaktion schicken. So könnten sie die Bedeutung des Wortes „voll" ein für allemal bildlich für jedermann verständlich darstellen. Ganz oben balancieren unsicher drei leere Bohnendosen. Ich schaue in den Kühlschrank. Da steht er, der Topf Bohnensuppe. Hilde hat also heute Morgen, noch bevor sie zur Arbeit ging, die Suppe gekocht. Das hätte ich sehen müssen, ich war vier Mal am Kühlschrank. Seltsam. Die gekochte Bohnensuppe verkürzt jetzt zwar meine Negativbilanz, verschlechtert aber dennoch deutlich meine Position. Das Leben ist kompliziert.

 Auf Zehenspitzen schleiche ich mit dem Müllsack durch den Flur. Wohnungstür auf, der Hausflur ist gerade menschenleer, den Müll links neben die Wohnungstür stellen und die selbige wieder lautlos schließen. Fertig. Husch, husch, zurück in die Küche. Ich schnappe mir ein Trockentuch und poliere sinnlos, da schon vorher glänzend wie in der

Spülmittelwerbung, eines von Hildes Weingläsern. Meine lässige Körperhaltung an der Küchenzeile soll so etwas wie innere Ruhe vermitteln und die fein dosierte Spannung des Oberkörpers dabei dennoch verraten, dass ich das mit dem Polieren von Hildes Gläsern ernst nehme. Das ist sehr wichtig: wenn ich diese Ernsthaftigkeit körpersprachlich nicht kommuniziere, schlussfolgert sie daraus eiskalt, dass ich sie nicht respektiere und liebe. Ich wünsche mir manchmal, dass alles wäre nur ein Witz. Eigentlich wünsche ich es mir jeden Tag.

Hilde durchschreitet den Flur, ihre Schritte werden lauter. Ich öffne mit einem lauten „fump" eine Bierflasche. Timing, timing, timing. Flasche an die Lippen setzen. Hilde betritt die Küche. Flasche absetzen. „Ahhhhh!" Das Problem mit der Fahne hat sich erledigt, ich bin einfach ein Fuchs.
Küsschen.

„Hast Du echt die Bohnensuppe heute Morgen vor der Arbeit gekocht?" frage ich mit rekordverdächtiger Dummheit. Hilde öffnet eine Flasche Wein, ihre Lippen werden schmal. „Ja, ich konnte sowieso nicht mehr schlafen." Sie wirft den Korken so heftig in den Mülleimer, also wolle sie eine Ratte tödlich treffen. „Du hast ja den Müll runtergebracht! Danke!"

„Kein Problem. Bedrückt Dich was?"

„Nein, was soll sein? Alles klar!" lügt sie absichtlich schlecht, wie ich vermute.

Liege ich mit dieser Einschätzung richtig, erwartet sie jetzt von mir, dass ich weiter nachhake. Sonst bin ich unsensibel. Liege ich aber falsch und hake trotzdem nach, obwohl tatsächlich alles in Ordnung ist, findet sie das zunächst einmal süß und erst nach einer Weile nervig. Es gibt also ein Zeitfenster zwischen süß und nervig für mich, in dem ich mich in Sicherheit befinde, solange ich nur nachfrage. Ich bin nicht chancenlos, das hat die Natur so eingerichtet. Lebewesen ohne Ausweg werden entweder aggressiv und fressen ihr Gegenüber oder geben sich auf und werden selber gefressen. Das ist nicht gut für die Beziehung und somit nicht gut für die Arterhaltung. Richtig dosiert Nachfragen ist also mein Job, das ist Evolution. Ich zünde mir erst mal eine an, das hilft mir, mich zu konzentrieren. Zeitfenster und Nachfragen, das sagt sich so leicht. Da ist Erfahrung und Präzision gefragt! Nichts für Anfänger.

Die Schachtel ist leer. Es ist eine dieser großen Packungen mit neunundzwanzig Zigaretten. Heute Morgen war sie noch voll. Vielleicht bin ich ja doch zu etwas zu gebrauchen?! Durch meine Suchtpersönlichkeit treibe ich bestimmt die Preise für Tabak und Alkohol in die Höhe. Irgendjemandem wird das schon zu Gute kommen. Vielleicht trage ich dazu bei, dass ein Aktionär des Phillip Morris Konzerns, nennen wir ihn John, wohnhaft in Fremont, Nebraska, aufgrund meines selbstmörderischen Lebensstils seinem Sohnemann

dieses Jahr eine ganz tolle Eisenbahn unter den
Weihnachts-baum legen kann. Rote Bäckchen und
Freudentränen. Es dankt mir keiner, wie sollten sie
auch, aber die Ahnung um das Glück anderer ist mir
Lohn genug.
„Wo bist Du denn schon wieder mit Deinen
Gedanken?" fragt Hilde und ich blinzle wie ein
Äffchen, das man aus dem Mittagsschlaf gerissen hat.

„Ich weiß es nicht", lüge ich und bin so sehr bei
Modelleisenbahnen in Nebraska, dass ich vergesse
nachzufragen, ob mit ihr denn auch wirklich alles in
Ordnung ist. Von den meisten blauen Augen, die sich
eine Beziehung im Laufe der Jahre einfängt, bekommt
man ja gar nichts mit.

18:35 Uhr

Wir löffeln schweigend die Bohnensuppe. Die
Stimmung wirkt bedrohlich, Spannung liegt in der
Luft. „Hmmmm, gar nicht mal so gut", werfe ich zur
Auflockerung ein Zitat aus dem schwerverdaulichen
cineastischen Meisterwerk „Flodder – Eine Familie
zum Knutschen" (Niederlande, 1993) ein, welches
ebenfalls – und das wissen die wenigsten, wörtlich in
einer Folge der Serie „Die Zwei" zur Anwendung
kam. Hilde sieht mich verständnislos an und löffelt
weiter. Sie kennt den Film nicht, sie kennt die Serie
nicht. Und Filmzitate sind ihr grundsätzlich fremd.

Dafür kennt sie aber die Drehbücher dieser amerikanischen Krankenhausserie ‚Grey's Anatomy' auswendig. Alle neun Staffeln. Alle 196 Folgen. Auf irgendeinem Frauenspartensender, von einigen äußerst unreifen Personen wie mir häufig auch kürzer „Spaltensender" genannt, läuft der Müll rund um die Uhr und Hilde wird nicht müde, sich den Krempel anzuschauen. Ich kann auch schon alles auswendig. Sie schreibt selbst Kitschromane. Sie wäre mühelos in der Lage, jede Szene erzählerisch auseinanderzunehmen und wieder zusammenzusetzen und dabei milde lächelnd die platten Winkelzüge der Autoren zu durchschauen. Aber sie tut es nicht. Das einzige, was sie während einer Folge Grey's Anatomy auseinandernimmt sind Tempotaschentücher. Zusammengefasst könnte man über diese Serie sagen: „karrieregeile Menschen, die durch die Bank schwer einen an der Waffel, dafür aber schöne Haare haben, auf ultrahardcoreamerikanischer Jagd nach Geld und Macht, vögeln abwechselnd miteinander in irgendwelchen Nebenräumen des Krankenhauses, wenn sie nicht gerade damit beschäftigt sind, sich umbringen zu wollen oder krausen, küchenphilosophischen Müll aus dem Off labern." Oder kürzer: „Welches kranke Arschloch vögelt gerade wen?" Wie kann man sich für so etwas interessieren?

    Hilde findet das tiefsinnig, spannend und traurig, was ich wiederum einfach nur traurig finde.

Die machen mit ihren Autoren bestimmt richtige Knebelverträge; schließlich setzen diese ihre geistige Gesundheit aufs Spiel und wenn sie es bemerken, wollen sie natürlich aus dem Vertrag raus. Für solche Fälle haben sich die Produzenten vielleicht eine Art Silberstreif am Horizont für sie einfallen lassen? Je höher in den Testvorführungen der Taschentuchverbrauch bei den Szenen des jeweiligen Autors ist, desto mehr Punkte bekommt er. Wer am Ende der Staffel die meisten Punkte gesammelt hat, erhält ein Skalpell zur freien Verwendung.

Je mehr dabei pathosbeladene Hausfrauenpopmusik zum Einsatz kommt, desto größer die Wahrscheinlichkeit, den Wettbewerb zu gewinnen. Autoren sind Menschen, also muss man auch ihnen immer ein Ausweg lassen.

„Haben wir noch Maggi?" fragt Hilde.

„Coldplay?" frage ich völlig verdattert zurück.

„Wie bitte?" fragt Hilde nicht minder verdattert zurück.

„Entschuldigung, was hast Du gesagt?"

„Ob-wir-noch-Maggie-haben?"

Warum diese Ungeduld in der Stimme, was habe ich denn jetzt schon wieder verbrochen? „Keine Ahnung, sollten wir?"

„Stand auf jeden Fall auf dem Einkaufszettel. Du und Deine Supermarktdemenz."

„Oh, tut mir leid" sage und meine ich.

„Ist ja nicht schlimm", sagt Hilde, schüttelt aber im deutlichen Widerspruch zu Ihrer Aussage den Kopf und löffelt weiter.

„Ich finde die auch so sehr lecker, wirklich", füge ich schnell hinzu und mein Gewissen verschlechtert sich noch einmal kräftig.

Löffel. Löffel. Löffel.

„Wie war Dein Tag?" frage ich.

Hildes Kauen verlangsamt sich. Sie denkt nach.

„Der Dr. Hillermann", sagt sie.

„Der neue Oberarzt?"

„Genau, also der Hillermann, der geht mir mit seiner Anbaggerei so langsam gehörig auf den Zwirn. Bevor der bei uns angefangen hat, wussten wir schon, dass der alles vögelt, was nicht bei drei die Beine zusammenkneift. Aber dass der wirklich so stumpf ist, hätte ich auch nicht gedacht. Zwinkert der mir doch heute nach der Visite zu und macht dabei so eine kleine Geste Richtung Wäschekammer. Das hat er auch schon bei Anna und Doro versucht. Dabei ist Doro lesbisch und sieht aus wie ein Hafenarbeiter. Offiziell ist Dr. Hillermann ja mit der Frau Dr. Grau zusammen. Dieses Schwein. Aber sieht schon gut aus, das muss man ihm lassen. Und die Grau hat wirklich schwer einen an der Waffel, die verwöhnte Göre mit ihren Erste-Welt-Problemen. Trotzdem ein Schwein. Unfassbar. Männer!" Sie guckt angeekelt.

Ich wünschte, mein Penis würde auf der Stelle abfaulen, dann müsste ich mich nicht mehr fremdschämen. Ich mache pflichtgemäß ein etwas angewidertes Gesicht und sage „Ach, Du großer Gott!"

„Ja, schon eklig", pflichtet mir Hilde bei. „Der Chefarzt Dr. Bauer hält natürlich schön die Hand über seinen Schützling. Man munkelt ja, dass er und Dr. Hillermann Patientenakten gefälscht haben, damit unnötige Operationen im Nachhinein doch noch als gerechtfertigt erscheinen. Die Dr. Grau ist aber auch nicht koscher. Die soll sich in einen Patienten verguckt haben, der auf eine Spenderniere wartet. Und manche sagen, dass die jetzt die Wartelisten manipuliert. Das wird sie ihren Job kosten."

„Aber Du sagst doch", werfe ich kauend und nachdenklich, aus dem Handgelenk den Suppenlöffel in der Luft kreisen lassend ein, „dass die Frau Dr. Grau eigentlich mit dem Komplizen des Chefarztes zusammen ist, dem Dr. Hillermann. Der Chefarzt wird Hillermanns Freundin also nicht so schnell an den Karren fahren, denn der hat ihn ja quasi durch die Fälschung der Patientenakten mehr oder weniger in der Hand. Wenn Frau Dr. Grau es also geschickt anstellt und die Beziehung aufrecht erhält, dann wird der Chefarzt sie nicht so schnell fallen lassen. Sie muss nur ihre Gefühle für den Patienten etwas mehr für sich behalten, dann läuft das schon. Auf der anderen Seite: wer kann das schon so genau sagen? Seit wann steht die Dr. Grau eigentlich auf Männer? Ich dachte, die wäre auch lesbisch?"

19:03 Uhr

Ich stehe auf, entschuldige mich und gehe ins Bad. Nach ein paar Minuten klopft Hilde an die Tür.

„Fabian?"
„Ja?" antworte ich leise wimmernd.
„Was ist denn?"
„Ach, Hilde, ich schaue mir Grey's Anatomy nicht an, weil ich es verachte und ich verachte es, weil ich selber so was wie Grey's Anatomy *bin*!"
„Soll vorkommen", versucht sie mich geschickt und einfühlsam zu trösten.

Ich wimmere weiter.

„Ach, Purzel, jetzt krieg Dich mal wieder ein", sagt Hilde.

„Ich denke, fühle und rieche wie Grey's Anatomy. Immer lasse ich den Oberschlauen heraushängen, und bin doch um keinen Deut besser. Schlimmer sogar: Ich bin so was wie ‚Private Practice'."

„Sag mal, so langsam willst Du mich jetzt verarschen, oder?" fragt sie mich und klopft wieder an die Badezimmertür.

Ich öffne mit einem Italo-Western-Duell-Gesicht, das zumindest mich tief beeindruckt und schaue ihr fest in die Augen. „Wer hat denn damit angefangen, Schätzchen?"

Hilde kneift die Lippen zusammen. Den Rest ihres Gesichtes irgendwie auch. Ich habe gewonnen.

„Bada Bummmm Bummm Bumm Bumm dadadada da da da da", macht es draußen im Flur.

19:24 Uhr

Und wieder: „Bada Bummmm Bummm Bumm Bumm dadadada da da da da." Das ist die kleine Sophie von nebenan. Sie ist fünf Jahre alt und spielt Ball im Flur. Das kann ich verstehen, denn der Flur ist dafür ideal. Aber was ich verstehe, muss ich noch lange nicht tolerieren. Ich hasse Lärm. Hilde schmiedet sogar schon bei allem über fünf Dezibel Mordpläne. Sie wird gleich auf den Flur gehen, der kleinen Sophie pädagogisch ungeheuer wertvoll den Hals umdrehen und es irgendwie schaffen, mir dafür die Schuld zu geben.

Also beschließe ich zu intervenieren, bevor die Situation eskaliert und strafrechtlich relevant wird.

Entschlossenen Schrittes stürme ich den Hausflur und trete dabei prompt den Müllsack um, der gerade noch links neben der Tür stand. Die kleine Sophie muss ihn beiseite gestellt haben, damit sie freies Schussfeld hat. Die drei leeren Bohnendosen singen scheppernd das Lied vom Beziehungstod.

Sophie steht direkt vor mir und guckt mich von unten an. Ihre Oberlippe kräuselt sich. „Du bist ekelig", sagt sie. Ich schaue auf den Boden. Kaffeesatz,

Kartoffelschalen und etwas, das aussieht, wie Godzillas Auswurf bei Lungenentzündung oder alternativ das Ergebnis seiner sexueller Erregung breiten sich vor uns aus und bilden einen die Stimmung trefflich widerspiegelnden texturalen Hintergrund für die drei Dosen. Beinahe Kunst.

„Sophie, hast Du etwa den Müllbeutel direkt vor die Tür gestellt?" frage ich rhetorisch.

„Ja, der war doch im Weg", antwortet sie. Hilde steht hinter mir und legt ihr Kinn auf meine Schulter. „Hätte ich auch so gemacht, Sophie. Stinkende Müllhaufen, die nur im Weg stehen, sollte man grundsätzlich vor die Tür stellen", sagt sie. Ich schließe die Augen.

19:45 Uhr

Hilde raucht am Küchentisch und überprüft nebenher meine Leistungen im Kreuzworträtsel. Ich rauche mit.

„Was ist eigentlich eine Norne?" fragt sie mich.

Ich zucke mit den Schultern. „Keine Ahnung. Kommt in jedem Kreuzworträtsel vor, aber ich weiß es nicht. Noch nie nachgeschlagen."

„Und wieso hast Du da eine Lösung hingeschrieben? Skuld?"

„Die habe ich hingeschrieben, aber nicht gewusst. Das ergibt sich nur aus den schon vorhandenen Buchstaben der anderen Lösungen."

„Ah!"

Sie schaut wieder auf das Rätselheft, ich durch das Küchenfenster nach draußen, sehe aber nur unser Spiegelbild. In zwölf Minuten kommt die Tagesschau, also schalte ich den Fernseher schon mal ein. Ich bin alt, ich schaue mir so etwas an.

„Was geschrieben heute?" erfragt sie mich hinterrücks und völlig überraschend.

Ich artikuliere ein langgezogenes „Hmja", doch mein Körper sagt: „Ich weiß nicht recht." Schweinekörper.

„Kann ich's lesen?"

„Nein, lieber nicht. Noch nicht. Das sind nur Fragmente und man müsste die im Gesamtkontext sehen, der ja noch gar nicht da ist, sonst erschließt sich das nicht. Das Konzept ist sowieso irgendwie noch ein bisschen wacklig."

„Also ich will Dir ja nicht zu nahe treten", ich weiß: genau das wird sie jetzt tun, „aber Du hast immer ein wackliges Konzept oder gar keins, dann schreibst Du ein paar Monate und alles bricht zusammen. Und schon kriegst Du wieder die Krise."

Ich habe Hilde gegenüber mit keinem Wort erwähnt, dass ich die Arbeit der letzten vier Monate in die Tonne gehauen habe. Manchmal glaube ich, dass sie mich mit irgendwelchem technischen Spionagekram überwacht.

„Das Konzept entwickelt sich beim Schreiben. Also bei mir wenigstens", schlaumeiere ich.

Hilde schaut mich mit leeren Augen an. Leer, aber keinesfalls bedeutungslos. Das geht. Hilde schafft das.

Wir wissen beide, dass ich Mist erzähle und sie Recht hat. Die einzige Antwort von Hilde, die jetzt Sinn machen würde ist: ‚Wenn das bei Dir wirklich funktionieren würde, müsstest Du ja zumindest ein Projekt in den letzten drei Jahren erfolgreich zu Ende gebracht haben.' Aber das wäre sehr hart. Zu hart, es mir an den Kopf zu werfen. Und wenn es keine Antwort gibt, die mir nicht das Herz bricht, sollte die Diskussion damit jetzt hoffentlich mehr oder weniger beendet sein.

Hilde klopft mit dem Kugelschreiber gegen ihre gespitzten Lippen und sagt: „Wenn dem so wäre, müsstest Du ja zumindest ein Projekt in den letzten drei Jahren erfolgreich zu Ende gebracht haben." Sie dämpft sofort meine Empörung, indem sie den Kopf schief hält und ganz lieb guckt. Eine in der Natur häufig vorkommende Beschwichtigungsgeste, die selbst dann einwandfrei funktioniert, wenn sich das Gegenüber dessen voll bewusst ist. Bescheuert. Mein eigenes Stammhirn hindert mich wegen einer jahrtausende alten Programmierung daran, sie auf der Stelle körperlich zu züchtigen. Und mein Großhirn pflichtet diesem Neandertalernervenzellenbrei auch noch bei und weist altklug darauf hin, dass ich damit sogar im Unrecht wäre.

Dackelblick, resigniert mit den Schultern zucken, Lider senken, traurig seufzen. Ende meiner Argumentationskette.

20:30 Uhr

Wohnzimmer, Couch, Hilde schreibt nicht wie gewöhnlich in der Küche an ihrem Laptop, sie ist sofort eingeschlafen. Das kommt in letzter Zeit häufiger vor. Sie keift auch deutlich weniger. Ich empfinde dieses neue Verhalten auf eine mir unerklärliche Weise als bedrohlich. Schlafen und friedlich sein – wenigstens einigermaßen friedlich – ist das die weiße Flagge oder sammelt sie Kräfte und will mich in Sicherheit wiegen?

Auf irgendeinem ZDF Spartenkanal läuft irgendwas mit „Hitlers Helfer, Hitlers sexuelle Vorlieben von Mai bis Oktober 1942" oder weiß die Eva was. Ich schaue zwar hin, aber irgendwie auch nicht. Wie fast immer. Fernsehen ist für mich so eine Art notwendiges Hintergrundrauschen, damit ich meinen Gedanken nachhängen kann. Mit Hilfe von Alkohol auch schönen, größenwahnsinnigen Gedanken. Die müssen nicht tiefgründig sein. Im Moment läuft in meinem Kopf nur „Schavan, Schanitzel, Schavan, Schanitzel" in Endlosschleife.

21:15 Uhr

Ich zappe durch die Programmliste. Es ist deprimierend.

Sie wandern aus, sie mieten, kaufen, wohnen, sie shoppen, sie wohnen in Berlin, sie kochen. Und wie sie kochen. Miteinander, gegeneinander, füreinander. Sie kochen und kochen und kochen. Ich muss mir bald für meinen Fernseher eine Dunstabzugshaube kaufen.
Wenn Hilde in einem Tierfilm einen Fasan sieht, denkt sie nicht an einen Wald, sondern an Rezepte von Herrn Schuhbeck! Samt Zimt, Vanille, Ingwer und mildem Chilisalz. Bei einem Elefanten denkt sie nicht an afrikanische Nationalparks, sondern an Rüsselcarpaccio mit Olivenöl extra vergine, Rucola und Parmesan. Dabei kocht sie gar nicht. Und wenn sie dann doch mal kocht, dann im besten Fall so, wie Schuhbeck Hochdeutsch spricht.

Ich warte auf den Tag, da es eine Sendung geben wird, in der auswandernde, wohnungssuchende, shoppingsüchtige, frauentauschende, aus Berlin stammende Vollidioten miteinander, gegeneinander und füreinander kochen. An diesem Tag werde ich meinen Fernseher samt Dunstabzugshaube aus dem Fenster werfen. Die brutzeln mir alle noch die Glotze kaputt.

So langsam müssten denen doch die Ideen ausgehen?! Was soll denn da noch an Formaten kommen? Aber das habe ich mich schon so oft gefragt und denen ist immer doch noch was Dümmeres eingefallen. Vielleicht erfinden die ja bald eine Kochdoku aus Sicht der Lebensmittel? Das wäre mal was. Eingeschaltet wird das bestimmt auch. Alles nur eine Frage der zielgruppengerechten Verpackung.

ZDF
Der alte Braten und der Ofen: „Wie ich der Hitzehölle entkam und endlich ruhen durfte!"

ARTE
„Beim Häuten der Zwiebel"

RTL
Geständnisse einer Babymöhre: „Aus dem Mutterboden gerissen und aufs Hackbrett geschickt."

23:45 Uhr

Ich überschlage den heutigen Bierkonsum. Vier Flaschen heute Nachmittag, vier heute Abend, macht nach Adam Riese sieben, nee, acht. Frau Schön und Herr Größenwahnsinnig klopfen endlich an die Tür.
Ich stelle mein neues Buch in einer Talkshow der ARD vor. Durch die Sendung führt ein Moderationsvollautomat, der genau so heißt, wie dieses große, teure Gerät in meiner Küche. Ich gebe ihm während der Livesendung klar zu verstehen, dass er ein unerträglich aufgeblasenes, blasiertes, dummes

Arschloch ist. Darüber hinaus drohe ich ihm an, wahllos irgendein afrikanisches Dorf auszuradieren, mit ganz vielen süßen, braunen Babys, wenn er sich auch nur noch ein einziges Mal erlaubt, ein Fußballspiel mit seinen debilen Kommentaren zu verhunzen.

Er strahlt mich an und schlägt vor, daraus dann eine Sondersendung zu machen. Mit mir und dem Helmut Schmidt. Das wäre doch ganz toll, sagt er. Prost!

Zweiter Tag

8:00 Uhr

Ich stehe mit verquollenen Augen vor dem Badezimmerspiegel und strecke die Zunge heraus. Ein bepelzter Lappen, hochflorig, der reinste Flokati. Dann huste ich mir die Seele aus dem Leib. Es ist gruselig; ekelhaft. Das, und mein Spiegelbild.

Früher wollte ich immer aussehen wie der junge Alain Delon. Inzwischen muss ich mir aber wohl endgültig eingestehen, dass der Weg eher in Richtung alter Harald Juhnke geht.

Minutenlang fauche ich etwas, dessen Kernaussage mit den Wörtern Saufen, Qualmen, Beerdigungskosten und Vollpfosten ganz gut getroffen ist. Ich bin regelrecht sauer auf mich. Hauptsächlich deshalb, weil ich mir diese Predigt jeden Morgen halte. Ich ziehe mir ein frisches, gebügeltes, weißes Hemd an. Das brauche ich heute. Ein solches Hemd vermittelt mir immer das Gefühl, noch nicht alle Selbstachtung verloren zu haben. Wer auf seine Kleidung achtet, ist noch nicht vollends am Arsch.

8:12 Uhr

Ich schlurfe in die Küche, denn ich möchte einen Kaffee. Mal sehen, was da wieder für Forderungen im Display auftauchen werden. Aber Reinhold ist heute Morgen im Gegensatz zu mir gut gelaunt. Ich brauche nur auf den Knopf zu drücken und ich bekomme, was ich will.

Verbreitet Lügen über das Leben heute Morgen, das Vieh. Will mich einlullen, mir weißmachen, dass es gar nicht so schwer ist, im Leben das zu bekommen, was man will. Schön das Volk berieseln. Na, fantastisch; Reinhold ist zu RTL gewechselt! Aber lasse mich nicht von Dir verarschen, Freundchen! Beim Verlassen der Küche werfe ich dem Ding noch einen Blick voller Verachtung zu.

8:16 Uhr

Die Redaktion vom Schmidt hat sich noch nicht gemeldet. Auch sonst keiner. Das Emailpostfach ist leer, es will mir noch nicht einmal jemand Viagra verkaufen. Nun denn, es ist eine Initiativbewerbung – da muss ich nicht zwangsläufig mit einer Antwort rechnen, erst recht nicht so schnell. Schön am Ball bleiben, das wird schon.

Ich rufe Google News auf und suche gagfähige Themen, finde aber keine. Gestern waren die Nachrichten voll von verwertbarem Material – heute ist da gar nichts. Vielleicht kommt ja noch was im Laufe des Tages. Ich sehe mir die Highlights der Harald Schmidt Show von gestern Abend an. Die Gags sind nicht gut. Meine sind besser gewesen. Wären besser gewesen. Das stimmt mich recht zuversichtlich.

9:31 Uhr

Ich finde einfach nichts und wenn ich mich auf den Kopf stelle. Was machen die in der Redaktion eigentlich in solchen Fällen? Irgendetwas fällt denen doch wohl in solchen Situationen trotzdem ein, dass sie senden können. Ich habe auf jeden Fall noch nicht erlebt, dass Harald Schmidt auf die Bühne kommt und sagt: „Tut mir leid, meine Damen und Herren, heute gibt es keine Gags. Die Nachrichtenlage hat es einfach nicht hergegeben. Wir schweigen uns jetzt mal eine halbe Stunde lang an oder ich erzähle ihnen ein paar Geschichten aus meiner Kindheit in Nürtingen."

Wenn ich dazu nicht in der Lage bin, kann ich meine Karriere als Gagschreiber gleich am zweiten Tag an den Nagel hängen. So einfach ist das. Wenn die das können, muss ich das auch können, sonst bin ich für den Job einfach nicht geeignet. Punkt.

Also Konzentration, bitte!

„Schavan, Schanitzel. Schavan, Schanitzel"

Ruhe! Konzentration!

„Schavan, Schanitzel. Schavan, Schanitzel"

Schanauze, verdammt noch mal!

Meine Nerven liegen blank. Und zu allem Überfluss wird der Internetbrowser auch immer langsamer. Das ist die Drahtbürste auf meinen freiliegenden Nervenbahnen. Es gibt wenig, dass mich mehr in Rage versetzt.

Der Aufbau einer Seite geht inzwischen langsamer vonstatten als der Druck der ersten

Gutenberg Bibel. Die üblichen Maßnahmen bleiben wirkungslos. Wie immer. Cache leeren, Cookies löschen, Verlauf löschen, CC-Cleaner. Runterfahren, hoch fahren. Das Ganze erfolglos sieben bis zwölfmal wiederholen - Mumpitz. Es muss wohl an der Internetverbindung liegen.

Ich habe allerdings inzwischen ein Aggressionsniveau erreicht, das diese Information von meiner Ratio fern hält.

Ich stelle mir die Aggression wie einen zukünftigen, südamerikanischen Diktator vor, mit Sonnenbrille und Uniform mit viel Lametta, der während der Revolution höchstpersönlich auf einer strategisch wichtigen Straße steht und Autos am Weiterfahren hindert. Die Fahrer beschweren sich: „Was ist denn los? Ich habe doch nur sachliche Informationen geladen!" Aber der Diktator zieht nur schweigend seine Waffe und sie drehen um. Sein Terrorregime kann sich ungestört ausbreiten. Es begnügt sich schon sehr bald nicht mehr damit, mich mit leisen, gezischten Flüchen über dieses Schneckentempo aufzuregen. Ich schreie meinen Monitor an. „Du Rotzdingsbumsarschwixgrubabudumdada" und schlage mit der Faust auf den Schreibtisch, dass die Kaffeetasse tanzt. Der Monitor gibt sich gänzlich unbeeindruckt. Der Monitor hat damit ja auch gar nichts zu tun, die Grundlagen der EDV sind mir durchaus geläufig. Er ist aber mein Ansprechpartner.

Er ist die Beschwerdestelle, also kriegt er es ab. Ich gehe trotzdem erst mal eine rauchen, bevor ich dem Ansprechpartner Gewalt antue.

In der Küche trete ich dafür mit aller Kraft gegen einen Stuhl, der Stuhl prallt gegen den Tisch, auf dem Tisch fällt ein Tetrapack Milch um. Gott sei Dank, nein, mir sei Dank, ist das Ding verschlossen. Hat hier draußen auch gar nichts verloren, die Milch. Die wird doch schlecht. Kann Hilde eigentlich gar nichts wegräumen?

Ich reiße die Kühlschranktür auf. Im obersten Fach der Tür hat sich wohl das Maggifläschchen versteckt, das wir gestern vermisst haben. Es schlittert mir klappernd über die Plastikablage in der Tür entgegen, fliegt heraus und trifft mich mitten auf der Brust. Das weiße Hemd, kann ich wegschmeißen. Alles voll mit der braunen Brühe. Der Diktator lächelt kalt und für ein paar Sekunden stehe ich blass und starr in der Küche und ersticke an meiner eigenen Wut.

Dann stampfe ich wie ein Dreijähriger mit dem Fuß auf den Boden und will auf der Stelle mit jemandem sprechen, der in dieser Küche die Verantwortung trägt. Auf der Stelle! Ich sage einfach ganz nett, dass ich mit ihm sprechen will und dann kriegt er einen Spaten zwischen die Augen.

Ich versuche den Diktator weg zu rauchen, zünde mir eine an und schaue aus dem Fenster. Rauchen hilft, nicht nur bei Lungenkrebs!

10:23 Uhr

Hilde fragt via facebook an, was es heute Abend zu essen gibt und ich entscheide mich aus mir unerfindlichen Gründen, ganz spontan für Schnitzel. Ich verspreche, einkaufen zu gehen. Hilde ist begeistert von dem Schnitzelvorschlag, meint aber, mich noch einmal explizit auf meine Supermarktdemenz hinweisen zu müssen. Ich solle mir doch am besten einen Zettel irgendwo hinlegen, der mich daran erinnert. Ich will sie nicht provozieren. Ich will sie *nie* provozieren! „Mach ich", schreibe ich ihr zurück. Sogar mit zwinkerndem Smiley.

10:34 Uhr

Auf spiegel-online.de versteigt sich ein Journalist zu der Behauptung, dass die heutige „Generation Internet" nicht mehr in der Lage sei, sich länger als fünf Minuten zu konzentrieren; also in etwa die Aufmerksamkeitsspanne einer Stubenfliege habe. Das ist zwar nicht experimentell belegt; aber das sagt er einfach mal so. Der ist wahrscheinlich einfach nur sauer, weil er von der Spiegelredaktion zur spiegel-online Redaktion versetzt worden ist. Also von der Bundes- in die Kreisliga. Für die Schmidt-Show:

Welche dieser Aussagen ist diskriminierender?

1) Ein Journalist der Onlineportals Spiegel-Online behauptet, dass die Internetgeneration die Aufmerksamkeitsspanne einer Fliege hätte und so generell nicht in der Lage wäre, auch nur die trivialsten Dinge auf die Reihe zu kriegen.
2) Die Springer Presse schreibt, dass die Internetgeneration die Aufmerksamkeitsspanne eines Spiegel-Online-Journalisten hätte.

12:15 Uhr

Nur ein halbwegs akzeptabler Gag, das ist mager. Aber immer noch besser als zwanzig schlechte. Ich kann mir auch beim besten Willen nicht vorstellen, dass die Schmidt-Autoren heute wesentlich Besseres zustande gebracht haben. Weg damit per Mail.
12:16 Uhr

Ich schalte das Radio in der Küche ein und öffne den Kühlschrank, denn ich habe Durst auf ein Feierabendbier.
    Diesmal öffne ich die Tür so langsam und bedächtig, als stünde ich vor einem Schrank voll Milzbrandsporen. Das Maggiefläschchen steht für Hilde gut sichtbar in einem der Fächer. Mein Leben verläuft in geordneten Bahnen.

Prost!

Was ist grün, stinkt immer nach Bier und wird trotzdem nie blau?

Eine Flasche Becks.

Nein, der ist schlecht.

Was ist grün und trägt ein Kopftuch?

Eine Gürkin.

Flach wie ein gebügeltes Ostfriesland.

Das Bier schlägt heute schnell an. Ab jetzt kann es nur noch bergab gehen mit dem Niveau. Außer dem einen Gag für Herrn Schmidt habe ich aber heute noch nichts geleistet. Das war mir vor dem Öffnen der Flasche auch schon klar, nur hatte da diese Erkenntnis noch nicht so richtig auf mein Gewissen durchgeschlagen. Das holt sie jetzt nach. Mir fehlt einfach die Disziplin und mir haftet, sagen wir mal, ein gewisses Phlegma an. Und ein veritables Alkoholproblem habe ich sowieso. Auf Unterschichtendeutsch: Ich bin ein stinkfauler Suffkopp. Stimmt schon, was die Hilde da über mich denkt. Nicht, dass sie mir so etwas je an den Kopf werfen würde, also das mit dem stinkfaulen Säufer; gepflegtere Formulierungen aber schon. Und ich bin sogar zum Einkaufen zu blöde. Dass die Frau es überhaupt so lange mit mir aushält, ist mir ein echtes Rätsel. Ich muss mein schlechtes Gewissen unbedingt künstlerisch ausnutzen, wozu soll es sonst gut sein?

16:01 Uhr

Hilde steht in der Küche an der Spüle und schrubbt wie vom Wahnsinn geritten einen kleinen Topf. Schockschwerenot! Da hält Sie plötzlich inne! Ihre Hände schweben arbeitslos über dem Wasser, der Blick erstarrt wie in plötzlicher Erkenntnis einer großen Wahrheit. Ihr Geist ringt, die Sekunden vergehen. Und da ploppt es schließlich aus ihr heraus wie ein Ei aus einem Hühnerarsch. „Was Dir fehlt, Fabian, und ich muss Dir das mal sagen, ist Ehrgeiz und Durchhaltevermögen!"

Sie stellt diese Behauptung, die wie eine Feststellung riecht, in den Raum und lässt sie wie einen gewaltigen Furz stehen.

Ich blicke von meinem Kreuzworträtselheft auf, mache etwas größere Augen als gewöhnlich und spitze die Lippen. Nicht einen Luftkuss will ich vorbereiten, nein, ich will mangelndes Interesse an ihrer Aussage heucheln. Hilde schaut erwartungsvoll, aber ich sage nichts. Hilde hebt die Augenbrauen, die Lippen werden schmaler. Sie wartet! Ich sage aber immer noch nichts! Ich weiß: sie möchte mich jetzt wegen Gehorsamsverweigerung sofort an die Wand stellen lassen, ich weiß aber auch: wenn ich darauf eingehe, kann ich mich erst recht einsargen lassen. Ich schlucke, die Angst frisst mich auf, wühlt in mir. Doch ich bezwinge sie. Mit Todesverachtung überlege ich weiter, was wohl ein „Gerät zur Warenentnahme" mit sieben Buchstaben sein könnte.
Ja, ich bin konfliktscheu. Erschießt mich doch, wenn Ihr Euch traut! Diese Streitereien sind so überflüssig wie ein Wort für ein Gerät zur Waren...

„Hilde!"
„Was denn?"

„Gerät zur Warenentnahme mit sieben Buchstaben?"
„Kommunikation ist keine Einbahnstraße."
„Was?"

Hilde schrubbt und schweigt. Miststück. Aber auf den Deal werde ich mich nicht einlassen. Ich lasse mich weder demütigen, noch mir unmenschlichen Bedingungen diktieren. Schon gar nicht beides auf einmal. Von niemandem. Man muss mir wenigstens eine Chance auf Würde lassen, sonst kann so etwas ganz schnell nach hinten los gehen. Siehe Versailler Vertrag! Manche werden es nie verstehen. Aber so ist das nun mal auf der Welt. Die Aufgabe von uns Verständigen kann nur darin bestehen, die weniger geistig bemittelten mit solchen Ansinnen ins Leere laufen zu lassen. Also schweige auch ich.

‚Innige Zuneigung' mit fünf Buchstaben, ‚Körperreinigung' mit drei Buchstaben, ‚Lebensgemeinschaft' mit drei Buchstaben. Gott, ist das doof. ‚Gerät zur Warenentnahme …'

„Sag mal, Hilde. Was machst Du denn da eigentlich mit dem Topf? Da sind doch nur zwei Eier drin gekocht worden und Du bearbeitest den seit fünf Minuten wie eine Bekl…, also, als ob der richtig dreckig wäre!"

Ohne aufzublicken verstärkt Hilde ihre Säuberungsbemühungen jetzt unter Zuhilfenahme von Stahlwolle der Marke Akopatz. Einzelne Haarsträhnen lösen sich aus ihrer Frisur und baumeln wild hin und her. Hilde kocht während sie spült. Keine Antwort auf ihren völlig außerhalb der Tagesordnung hingerotzten Diskussionsvorschlag mit dem Thema „Ehrgeiz und Fabian – falls möglich, mit Hilfe welcher Psychopharmaka?" und dann auch noch Kritik an der Haushaltsarbeit, die SIE soeben verrichtet, während ich, der ohnehin Ehrgeizlose am Küchentisch Schwedenrätsel löse. Weitestgehend löse.

Hilde scheppert den Topf auf das Abtropfblech der Spüle und zieht den Stöpsel mit einem lauten „fump". Wasser gurgelt. Dann werden ihre Bewegungen plötzlich langsam und konzentriert. Das Geschirrtuch wird mit größter Sorgfalt aufgehängt. Faltenfrei. Da rollt etwas auf mich zu!

San Tzu sagt: „Kenne Deinen Feind und kenne Dich selbst, und in hundert Schlachten wirst Du nie in Gefahr geraten." Ich fürchte, ich bin am Arsch.

Möglicherweise ist sie ja auch deshalb besonders sauer, weil ich nicht nur vergessen habe, die Erfolgsleiter im Leben zu erklimmen, sondern darüber hinaus wieder einmal vergessen habe, den Müll herunter zu tragen? Sie steht an der Tür zum Flur und wirft einen flüchtigen Blick auf den Unterschrank, in dem sich der Mülleimer befindet. Oder war das Einbildung? Jetzt schaut sie mich an. Eiskalt. Gleich holt sie das Sashimimesser aus der Schublade. Nein, sie sagt „Hm."

Ich: „Hmmm?"
Sie: „Ich geh mal duschen."
Ich: „Oh! OK"
Sie: „Wir haben übrigens keine Zigaretten mehr."
Ich: „Ach!?"
Sie: „-" (atmet bedrohlich langsam ein und aus)
Ich: „Ach so!"
Stelle ich jetzt nicht unter Beweis, dass neben meinen Kernkompetenzen wie Sitzen, Trinken, Rauchen und Atmen, auch „ Müll runter tragen" und „Zigaretten holen" für mich durchaus im Bereich des Machbaren liegt, sollte ich mir für die

nächsten Tagen am besten ein Hotelzimmer nehmen. Wovon sollte ich das bezahlen können? Obdachlosenasyl? Nein, so weit bin ich noch nicht. Mal sehen, wie ich in einem Jahr darüber denke, aber jetzt, ja jetzt, ist die Zeit des Handelns gekommen.

Hilde zieht die Tür des Badezimmers hinter sich zu und ich stürze drei Stockwerke treppab auf die Straße zum nächsten Zigarettenautomaten. Vier Euro in Münzen habe ich, einer fehlt. Die Hosentaschen geben auch nichts her. Wieder hoch. Küchenschublade. Da ist er, der fehlende Euro. Wieder runter. Der Automat will meine EC Karte zur Altersverifikation sehen. Wieder hoch. Wo ist meine EC-Karte? In der Schreibtischschublade links oben? Genau. Klemmt aber. Wo ist der Brieföffner? So machen die das in Filmen. Mein Verstand arbeitet in Extremsituationen wie ein Uhrwerk und meldet schon nach etwa einer Minute, dass ich noch nie einen Brieföffner besessen habe. Eine Brechstange muss also her. Eine Brechstange habe ich. Grundregel: das Werkzeug, das man braucht, befindet sich immer im Keller. Also ab in den Keller. Tür auf. Gefühlte fünftausend Jahre Fabian und Hilde Geschichte stürmen auf mich ein. Verstaubte Erinnerungen. Eine Palette leerer Becksdosen im Design von 2007 erzählt ihre Geschichte. Ach ja… das war ein schöner Nachmittag. Ein großes Stück Verschnitt unserer Küchenarbeitsplatte versperrt mir den Weg zum Werkzeugkoffer. Ich zögere nicht und wuchte sie beiseite. Handtellergroße Spinnen flüchten vor Dr. Fabian Jones. Ich beachte sie fast gar nicht. Dahinter steht noch eine. Das war die vom Vormieter. Stimmt ja. Gott, ist die hässlich. Weg damit. Tausende hochgiftiger, schwarz glänzender Mambas quellen unter der Arbeitsplatte des Vormieters…, nee, das nun *nicht gerade, aber der Werkzeugkoffer ist weg. Weg! Ich bin enttäuscht. Mein Hirn läuft heiß, liefert aber trotzdem. Vor zwei Jahren, als wir die Flurlampe bei IKEA gekauft hatten, habe ich den Werkzeugkoffer hochgeholt und nie wieder heruntergebracht. Damit ich nicht mehr in den Keller laufen muss. Besenschrank im Flur, unten auf dem Fußboden – genau! Ich fliege die Treppen hinauf. Besenschrank, Werkzeugkasten, Brechstange, alles da, alles im Griff. Die Blende der Schublade fliegt krachend ab. Was hab ich noch mal hier gesucht? Ach, richtig, die EC-Karte.*

Wieder auf die Straße stellt der Automat fest, dass ich alt genug bin, um Zigaretten zu kaufen. Oder hat diese Einschätzung vielleicht gar nichts mit meinem Alter zu tun, sondern der Chip auf der Karte speichert mein Leben und der Automat kommt zu dem Schluss, dass ich das Elend mit Rauchen ein wenig verkürzen kann? Ist der Automat Sterbehilfebefürworter oder einfach nur ein Drecksnazi, der das Euthanasieprogramm während der dunkelsten Jahre unseres Landes gar nicht mal so schlecht findet? „War ja nicht alles schlecht damals" oder was kommt da jetzt?

Ich soll ihm Geld geben, teilt er mit. Das ist nur fair. Quid pro quo. Ich werfe es ein. Er spuckt es unten wieder aus. Fünf weitere Versuche folgen. Er will mein Geld nicht. Er hat es sich anders überlegt. Er sagt: „Vorgang abgebrochen, bitte Karte entnehmen."

Meine Augen verengen sich. Nerven bewahren, Fabian. Karte entnehmen und noch einmal von vorn das Ganze. Beim neunten Versuch laufen mir dann allerdings doch die Tränen der Wut über die Wangen und ich verliere ein wenig die

Contenance. Ich brülle ihn an. „Du Schweinenaziautomat! Du gottverdammterscheißpissdreckswichsarschbumsfotaaoooaaaaahh hhhhhrrrrrghhhhhhhhgngngngng." Ich schlage auf ihn ein und bringe mir dabei üble Prellungen und Platzwunden an meinen Knöcheln bei. Das tut weh und blutet.

„Ey Alter, bissu bekloppt oder watt?" höre ich von hinten und fahre herum. Die Augen weit aufgerissen. Das rote Gesicht nass von Tränen. Mein rechtes Augenlid zuckt unkontrolliert. Vor mir stehen zwei sechszehnjährige, astreine Checker, ganz in Weiß inklusive Basecap. Mit gefletschten Zähnen hauche ich ein heiseres „Geht! Lauft! Jetzt!" Meine Augen lassen keine Zweifel aufkommen, dass ich die beiden im Falle des Ungehorsams auf der Stelle roh fressen werde. Aber mein „lauft um Euer Leben"- Blick kommt bei den beiden nicht an. Es gibt da wohl ein Kommunikationsproblem auf nonverbaler Ebene. Eine Frage der Wahrnehmung. Für mich bin ich eine Mischung aus schlecht gelauntem Scarface und Hannibal Lecter, aber die beiden Checker sehen wohl nur eine spastisch gelähmte Mickey Mouse.

Einer der beiden tritt mir zwischen die Beine, dass ich auf die Knie gehe. Als ich ungläubig hochblicke, klebt mir der andere eine mit der flachen Hand. Wie ein kleines Mädchen. Irgendwie demütigend. Nein, doch nicht. Der Kleine trägt wohl eine Art Siegelring, der mir die Wange aufreißt. Ich blute. Dann ist meine Würde ja gewahrt!

Auf der Straße neben uns kommt eine große, schwarze Limousine mit verdunkelten Fenstern und quietschenden Reifen zum Stehen – vielleicht haben sie ja das ABS abgestellt. Die Tür des Fonds geht auf und ein arabisch aussehender Mann im feinen Zwirn steigt hastig aus. Sieht sauer aus, der Kerl. Er steuert auf die beiden Checker zu, zieht beide an den Ohren und aus seinem Mund sprudelt laut und schnell eine Sprache, die zu seinem Aussehen und seiner Stimmung passt. Als er mit seiner Predigt fertig ist, schickt er die Checker weg, was sie auch mit hängenden Schultern und Köpfen sowie je einem roten Ohr tun.

Er reicht mir die Hand und hilft mir hoch. „Entschuldigen Sie bitte vielmals. Ich schäme mich für das Verhalten meiner Söhne."

Er zückt ein Scheckbuch. „Vielleicht können wir das ohne Polizei regeln. Ihnen steht ein Schmerzensgeld zu. Und ich werde Sie nicht mit einem Kleinstbetrag abspeisen. Ich denke…", er zögert, blickt auf den Boden „… das zehntausend Euro der Situation angemessen sind. Wie denken Sie darüber?"

Mein rechtes Augenlid zuckt heftig. Der Mann interpretiert das als ein Ja.

Meine Bank ist keine hundert Meter die Straße runter. Ich löse den Scheck sofort ein und lasse ihn mir bar auszahlen.

Der Kassierer empfindet den Widerspruch zwischen meinem ramponierten Zustand und zehntausend in bar wohl als gerade zu ekelerregend. Er sieht auf jeden Fall so aus, als müsse er bei meinem Anblick gleich kotzen. Sähe vielleicht ganz witzig aus, da er ja fast zwangsläufig gegen das Panzerglas direkt vor seinem Gesicht reihern müsste. Doch diesen Gefallen tut er mir nicht.

Ich drehe mich um und schaue in den Lauf einer Waffe. Die Waffe ist in den Händen eines schwarz maskierten Bankräubers.

„Flossen hoch und geh mir aus dem Weg!" brüllt er mich an. *Ich gehorche. Manchmal muss man Bedingungen auch erst mal akzeptieren, ohne auf die möglichen, langfristigen Folgen hinzuweisen. Der Kassierer steht mit erhobenen Händen hinter dem Panzerglas.*

„Los, Kohle raus. Hier in den Sack!" Der Bankräuber schiebt mit einiger Mühe eine viel zu große Einkaufstüte durch den Schlitz des Schalters. Der Kassierer ist bleich wie die Wand und kotzt jetzt tatsächlich gegen das Panzerglas. Sieht aber nicht so witzig aus, wie ich angenommen hatte.

Hilde ist bestimmt gleich aus der Dusche raus.

Ein, zwei, drei, vier Polizeiautos tauchen vor der Bank auf. Die Polizisten gehen in Schussposition.

„Die Bullen hauen ab oder ihr seid alle Geiseln!" brüllt der Herr Bankräuber.

Ich hebe die Hand wie in der Schule. „Das müssen Sie denen da draußen sagen, nicht uns!"

„Soso", knurrt er.

„Glauben Sie, das würde dann noch sehr lange hier dauern?" frage ich.

„Für Dich nicht", knurrt er und richtet die Waffe auf meinen Kopf. „Dich knall ich nämlich als Ersten ab."

Das war nicht nett, aber schlagfertig, wenn man die Lage dieses Menschen in Betracht zieht.

„Mann, halten Sie die Klappe", mischt sich der Kassierer ein.

„Halt doch selber die Klappe", schnappe ich zurück, „ oder ist das zu ekelig, wenn da noch so Bröckchen drin sind?" Herr Bankräuber gibt ein „hihihi" von sich.

Ein Megaphon draußen plärrt etwas von ‚umstellt' und ‚mit erhobenen Händen rauskommen'.

„Ich würd's machen", raune ich komplizenhaft.

Hilde trocknet sich gerade ab. Da bin ich mir sicher.

„Jungchen", raunt der Herr Bankräuber „so langsam gehste mir aber mächtig…"

Ich werde laut: „Ja, und Du mir erst mal! Ich muss nach Hause, sonst darf ich mir die nächsten zehn Jahre von meiner Ollen nicht nur anhören, dass ich zu wenig Ehrgeiz und Durchhaltevermögen habe, sondern außerdem sogar zu blöd bin, eine Schachtel Zigaretten in einer halben Stunde zu besorgen."

Herr Bankräuber sagt „Hm."

„Verstehste?"

Er nickt. Kramt in einer seiner Taschen und drückt mir eine volle Packung Lord Ultra in die Hand.

„Hier. Nimm und hau ab."

„Lord Ultra? Sag mal, spinnst Du? Da kann ich ja besser dichten Nebel inhalieren!"

Herr Bankräuber brüllt mich wieder an. „HAU AB, MANN!"

Ich gehe mit erhobenen Händen raus. Die Polizei befragt mich bezüglich der Lage. Ich kann aber leider aus terminlichen Gründen nichts Sachdienliches beisteuern. Sie wollen meine Personalien aufnehmen.

„Leute, ich hab echt keine Zeit." Ich drücke einer hübschen Polizistin meinen Personalausweis an den Busen und renne los. Meine Eile scheint Verdacht zu erregen. Möglicherweise trägt mein Aussehen auch nicht gerade zur

Vertrauensbildung bei. Ich höre, wie sie hinter mir herrufen. Mir egal.

Hilde hat die Haare geföhnt und steht jetzt wieder mit sich unzufrieden vor dem Spiegel. Ich weiß es. In ein paar Sekunden wird sie übelgelaunt aus dem Bad treten. Ich renne, renne, renne. Hetze die Treppen hoch, schließe die Wohnungstür auf und stürze knallrot und keuchend auf den Küchenstuhl, als Hilde die Badezimmertür öffnet.

Ein großes Fragezeichen bildet sich in ihrem Gesicht, als sie mich sieht. „Was ist denn…?"

Schweiß und Blut laufen mir in die Augen, aber ich knalle triumphierend die Zigarettenschachtel auf den Küchentisch.

„Lord Ultra?" Hilde macht ein ungläubiges Gesicht. „Sag mal, spinnst Du? Da kann man ja besser dichten Nebel inha…"

„Jaja, die anderen Warenschächte im Automaten waren leer."

Gerät zur Warenentnahme mit sieben Buchstaben… Automat!

Ich springe auf. „Automat!" schreie ich. „Automat! Das ist es!"

„Die Tankstelle ist keine hundertfünfzig Meter weit weg, Du faules Stück. Nee, Du dummes Stück, das ist näher als der Automat."

Sie kommt nicht dazu weiter zu sprechen. Die Wohnungstür fliegt mit ohrenbetäubendem Knall aus den Angeln. Polizisten stürmen die Wohnung. Uns wird so praxisnah wie irgend möglich veranschaulicht, warum

Blendgranaten Blendgranaten heißen. Laut sind die Dinger aber auch. Wir werden überwältigt und auf Waffen gefilzt. Als sie bei mir die zehntausend Euro finden, wird mir vorsichtshalber eine weitere entsicherte Waffe an die Schläfe gehalten.

Unsere Köpfe werden dabei von je einem Beamten auf den Küchentisch gedrückt. Wir schauen uns an. In Hildes Augen suhlt sich der Wahnsinn.

Sie zischt: „Ich weiß, dass Du den Müll nicht runter gebracht hast, Du Flasche."

Ich lese mir die Geschichte noch einmal durch. Naja, wenn ich da so an den Loriot denke; das war noch Qualität. Wie sagte schon Voltaire? „Das Bessere ist der Feind des Guten." Da muss ich ihm aber mal so was von Recht geben. Vielleicht hätte ich den Knaben auch einfach früher lesen sollen, dann hätte ich nicht so viele Jahre dafür gebraucht, selbst zu dieser Erkenntnis zu gelangen. Ach ja, zurückblicken und dabei ganz viele Konjunktive benutzen, das kann ich gut. Hätte, hätte, Fahrradkette. In puncto Selbstvorwürfen macht mir auf jeden Fall keiner was vor. Wenn man daraus nur irgendwie Kapital schlagen könnte.

„Genießen Sie die Konjunktive von Fabian: einem der führenden Selbstvorwurfsfabrikanten des Landes. Vollmundig in der Wortwahl, stark im Abgang. Gegründet 1969. Nur jetzt im Vorteilspack mit Strick!"

Oder:

*"Mit Fabian sind wir irgendwie...
selbstmordgefährdeterer"*

Zielgruppen gäbe es ja genug: Unglückliche Teenager mit Liebeskummer, Mittvierziger, die meinen, sie hätten ihr Leben aus Versehen ins Klo gekippt und bekommen es nicht mehr raus, vereinsamte Rentner; Hartz IV Empfänger ohne jede Perspektive, Autoren für Pocher, FDP Wähler, Millionärsgattinnen, die einfach nicht mehr wissen, was sie noch kaufen könnten, Lothar Matthäus (wenn er wüsste, was ein Konjunktiv ist), Millionärsgattinnen, die einfach nicht mehr wissen, was sie noch kaufen könnten *und* FDP wählen und noch viele mehr. Das Geld liegt auf der Straße, man muss sich nur bücken. Und aufpassen, wer hinter einem steht.

16:38 Uhr

Mir ist langweilig. Ich habe keine Lust zu lesen, keine Lust Musik zu hören und mein heutiges Schreibpensum habe ich tatsächlich mal erfüllt. Also schalte ich zur Vermeidung des Zeitinfarktes die Glotze ein.
„Nichts ist so unerträglich für den Menschen, als sich in einer vollkommenen Ruhe zu befinden, ohne Leidenschaft, ohne Geschäfte, ohne Zerstreuung,

ohne Beschäftigung. Er wird dann sein Nichts fühlen, seine Preisgegebenheit, seine Unzulänglichkeit, seine Abhängigkeit, seine Ohnmacht, seine Leere. Unaufhörlich wird aus dem Grund seiner Seele der Ennui aufsteigen, die Schwärze, die Traurigkeit, der Kummer, der Verzicht, die Verzweiflung." (Blaise Pascale)

Da soll mir doch einer vorwerfen, dass ich vor diesem Hintergrund die Glotze anmache. Ich bin kein Verlierer, der vor der Kiste sitzt. Ich habe einen akademischen Hintergrund und weiß, warum ich davor sitze. Das macht eben den Unterschied, ihr Schubladendenker.

17:00 Uhr

Eine Folge „Hart aber herzlich" ist zu Ende und ich habe nicht den leisesten Dunst, worum es ging. Wie fast immer. Eben dieses Hintergrundrauschen. Mein Hirn schaltet in solchen Fällen einige wichtige Areale aus energiespargründen einfach ab. Dazu gehört auch die bewusste Wahrnehmung. Ich kann also nicht sagen, was ich in den letzten zweiundzwanzig Minuten genau gesehen und gehört, noch nicht einmal worüber ich nachgedacht habe. Auch die beiden Zigarettenstummel im Aschenbecher sind mir neu. Geraucht habe ich sie aber wohl. Immerhin gut, dass da kein Lippenstift dran ist. Das würde mir den Rest geben.

Ich möchte wirklich wissen, wie viel Zeit meines Lebens ich auf diese Art und Weise verbracht habe. Wenn ich dann noch die Zeit dazu rechne, die ich geschlafen habe oder besoffen war, kommt dabei bestimmt etwas Erschreckendes heraus.
Wahrscheinlich errechne ich dann eine effektive, bewusste Lebenszeit von zwölfeinhalb Jahren. Vielleicht möchte ich es doch nicht wissen. Obwohl: für einen Zwölfeinhalb Jährigen ohne Aufsichtsperson schlage ich mich gar nicht mal so schlecht durch das Leben, finde ich. Apropos Aufsichtsperson: noch eine Stunde, bis Hilde nach Hause kommt. Wenn der Bus pünktlich ist.

„Der Weltraum. Unendliche Weiten…"
Raumschiff Enterprise beginnt. Mit Captain Kirk, Spock, Pille, Scotty & Co. Auch wenn ich mich als echten Fan bezeichne: Die Serie hat über die Jahrzehnte schon ein wenig Staub angesetzt, das muss man schon mal zugeben.

„Monsieur le directeur des programmes von ZDF neo: Die Flasche Chateau d'Enterprise kirkt!"

Ich scanne gewissenhaft die Küche. Alles unauffällig, es sind keine unerledigten Aufgaben zu entdecken, die mich an den Beziehungsgalgen bringen könnten. Sie sieht sogar sauber aus - zumindest nach männlichen Maßstäben. Ich blättere mein Rätselheft durch und finde Sudokus. Der Alkohol von heute Nachmittag lässt mich die leichte Variante wählen.

17:51 Uhr

Das Sudoku ist gelöst. Ich spiele mit dem Kugelschreiber auf dem Küchentisch. Früher als Schüler habe ich oft ein Geodreieck unter den Clip des Kugelschreibers geklemmt und Flugzeug oder Raumschiff gespielt. Mit einem leisen, aber ungeheuerlich bedrohlichem „pchhhhhhh" habe ich es auf der Schulbank starten und landen lassen. Die bestimmt fünfzig Geodreiecke, die ich während meiner Schullaufbahn verbraucht habe, sind leider allesamt verschollen.

Draußen braust der Feierabendverkehr. Die Schafe treiben sich selbst zurück in den Stall. Brav. Fein! Ja, feini, feini, feini, fein.

Meinen Kontoauszügen könnte so ein bisschen Schafsverhalten allerdings nicht schaden. Außerdem: selbstverdientes Geld stärkt das Ego, was sich in allen Branchen auf jeder Karrierestufe beobachten lässt. Vom Zeitungsjungen bis zum Drogenbaron. Wer sein eigenes Geld verdient, sitzt nicht mit eingezogenem Kopf wie eine Schildkröte in der Küche und hofft, dass der Bus keine allzu große Verspätung hat. Ewig wird Hilde nicht die Ernährerin spielen wollen. Ernährerin ist im Grunde das falsche Wort. Wir geben für Heizkosten mindestens genau so viel aus, wie für

Lebensmittel. Im Grunde müsste es heutzutage also Erwärmerin heißen. Wer heutzutage arm ist, hungert nicht, der friert. Das ist viel geschickter, denn frierende Kinder lassen sich medial nicht so gut rüber bringen wir hungernde Kinder. Schweinelobbyisten der Energiekonzerne. Frühstückskartellabzocker.

Kartoffelpü, das Reh, schlendert durch den Zoo und trifft einen Hai.
Sagt das Reh: „Guten Tag, mein Name ist Reh"
Sagt der Hai: „Angenehm, Zkostenabrechnung"
Naja, der braucht ein bisschen.

17:52 Uhr

Schavan, Schanitzel. Schnitzel! Essen?! Abendessen?! Einkaufen! Ich dummer Hund!

Ich verlasse die Wohnung, als hätte mir jemand eine Handgranate durchs Fenster geworfen. Auf dem Flur, direkt vor meiner Tür renne ich Sophie über den Haufen. Sie fällt rückwärts, setzt sich hart auf ihren Allerwertesten und fängt an zu plärren. Aber sie ist in der Lage, mir ein „boah, bist Du doof" hinterher zu schreien, also wird mit ihr alles in Ordnung sein.

Glücklicherweise ist der Supermarkt nicht weit entfernt. Das müsste in acht Minuten zu schaffen sein. Beim Überqueren der Straße müssen zwei Autofahrer für mich schwer in die Eisen gehen. Ich sehe wie sie brüllen und fluchen und unterschiedliche Gesten für

„Du Vollidiot" benutzen. Für eine Auseinandersetzung habe ich jetzt leider keine Zeit.

17:54 Uhr

Vor der Fleischtheke ist nicht viel los. Nur eine ältere Dame um die Achtzig mit Rollator, die mit der Fleischereifachverkäuferin ein Fleischverkaufsfachgespräch führt. Es wird recht schnell deutlich, dass sie zu Hause ein Bataillon Panzergrenadiere zu versorgen hat, die gerade aus der Schlacht in die Heimat zurückgekehrt sind.

Schweinskopfsülze, grobe Leberwurst und Corned Beef (wie in dieser Gegend üblich, sagt sie ‚Kornetbeff'), Rouladen bitte, aus der Oberschale?, ja aus der Oberschale, Tafelspitz bitte, ach, das müssen Sie extra bestellen, das ist aber ärgerlich, so was gab's früher nicht, dann kaufe ich es eben bei Bellerbecks, Kalbsleber dann noch, ist doch frisch oder?'

Sie hört nicht auf. Meine Kaumuskulatur arbeitet schwer und sorgt bei meinen Backenzähnen für einen Abrieb, der mich irgendwann mal teuer zu stehen kommen wird. Ich starre die alte Dame mordlüstern an, was sie jedoch völlig kalt lässt.

Während des zweiten Weltkrieges sind ihr wahrscheinlich Kinderschuhe samt Inhalt, vom Luftdruck detonierender Fliegerbomben getrieben um die Ohren geflogen, ist durch zerfetzte Körper auf der Suche nach Nahrung gestapft und hat auch noch die

Massenvergewaltigungen der Roten Armee ertragen, da kann ich Hampelmann so böse gucken, wie ich will.

17:59 Uhr

Die eiskalte Kriegsveteranin wird gefragt, ob es sonst noch was sein dürfe. Sie überlegt. Sie überlegt weiter. Dann holt sie ihren Einkaufszettel hervor und prüft noch einmal gewissenhaft, ob die Truppenversorgung gewährleistet ist.

18:00 Uhr

Nein, sie ist es nicht. Sie will noch Hackfleisch haben. Halb und halb. Dass ich das Einkaufen verpennt habe, die einzige Aufgabe des Tages, kann ich jetzt sowieso nicht mehr vor Hilde verheimlichen. Ich sehe sie schon an mir verzweifelnd und kopfschüttelnd in der Küche stehen. Aber ich wäre kein Fabian, wenn ich keine Fabian-Idee hätte. Ich werde die Schnitzel in meinem Mantel verstecken und zusätzlich Zigaretten kaufen. Zigaretten zu besorgen war nicht meine Aufgabe heute. Ich kann also rotzfrech behaupten, dass ich noch mal raus in diese feindliche, kalte Welt gegangen bin, damit auch Hilde heute Abend was zu rauchen hat. Dann stehe ich nicht als der letzte Idiot da, sondern als fürsorglicher Freund. Danke Kopf.

18:08 Uhr

Ich treffe Hilde unten vor dem Hauseingang und gebe planmäßig vor, Zigaretten geholt zu haben. Zum Beweis wedele ich mit einer Schachtel vor ihrer Nase herum. Ich sehe ihrem Gesicht an, dass sie mir nicht glaubt. Soweit also keine Überraschung. „Ich habe verpennt einzukaufen, obwohl das die einzige Aufgabe für mich heute war", würde sie mir natürlich auf der Stelle abkaufen. Auch: „Ich habe seit vier Jahren eine Geliebte und die wohnt im Affengehege", würde von ihr ohne Zögern als wahre Aussage durchgewunken.

„Wie viel hast Du denn heute wieder geraucht?" fragt sie. „Wir hatten doch noch vier volle Schachteln."

„Wo?" frage ich saublöd zurück.

„Wie? Wo? Na, da, wo sie immer sind."

„Habe ich nicht gesehen, komisch." Mir ist unheimlich warm.

Ich schließe die Haustür auf und Hilde drängt sich an mir vorbei. Sie geht viel schneller als sonst, nimmt zwei Treppenstufen auf einmal. Das hat sie noch nie gemacht! Ich weiß es: sie will vor mir am Kühlschrank sein! Sie sagt nicht, dass sie mir nicht glaubt und gibt mir damit die Chance, mit einem charmanten Lächeln meine Schusseligkeit einzuräumen, was dann mit etwas – oder auch viel gutem Willen als „süß" durchgegangen wäre. Nein, sie sagt nichts und will mich eiskalt der Lüge überführen.

Vor dem schnitzelfreien Kühlschrank als Corpus Delicti. Die Frau ist charakterlich total verkommen.

Hilde schließt schwer atmend die Wohnungstür auf.

„Ich habe ja so einen Durst", lügt sie und stürmt durch den Flur in die Küche, ohne den Mantel aufzuhängen. Sie hat gewonnen. Ich stehe zwar direkt hinter ihr, aber sie hat den Griff der Kühlschranktür in der Hand. Sie wirft mir einen Blick voll listiger Überlegenheit, voll offenen Triumphes zu. Dann reißt sie die Kühlschranktür so heftig auf, als wolle sie der Küche damit Luft zufächeln.

18:10 Uhr

Hilde kniet auf dem Boden vor dem Kühlschrank und betastet vor Schmerzen leicht stöhnend, ihre Stirn. Das Maggifläschchen hat sie mit beachtlicher Geschwindigkeit genau zwischen die Augen getroffen. Sie hebt es wortlos auf und starrt es an.

„Alles gut, Hilde? Soll ich Dir ein Schnitzel auf die Stelle legen, das hilft ja auch angeblich bei blauen Augen?" Sie schüttelt stumm den Kopf.

„Komm, setz' Dich." Ich helfe ihr auf den Stuhl und gebe ihr ein Glas Wein. „Wirklich alles ok, Purzel?" Sie nickt und trinkt einen großen Schluck. „Da hat sich also dieses doofe Maggifläschchen versteckt. Seltsam, dass wir es gestern nicht gefunden haben." Sie nickt wieder.

„Erhol Dich erst mal. Ich paniere die Schnitzel."

Hilde neigt ihren Kopf und betastet noch einmal vorsichtig die Maggidelle zwischen ihren geschlossenen Augen.

Ich lege die Schnitzel vor mich auf die Arbeitsplatte. Salz, Pfeffer, Paprikapulver, Mehl, Eier, Semmelbrösel. Ich summe leise vor mich hin, während ich paniere. Hilde nähert sich von hinten, legt mir ihr Kinn auf die Schulter und schaut meinem Treiben auf der Arbeitsplatte eine Weile zu. Dann stimmt sie in mein gesummtes Liedchen ein und wiegt sich leicht mit mir im Takt. Immer gebe ich mir die Schuld, wenn sie schlechte Laune hat, da freut es mich umso mehr, wenn sie guter Stimmung ist und mich auch noch daran teilhaben lässt. Sie gibt mir noch ein Küsschen auf die Wange, geht zurück zum Küchentisch und schenkt sich noch ein Glas Wein ein. Ich drehe mich kurz zu ihr um - sie lächelt mich an. Ich lächle zurück und paniere weiter. Das war aber ein komisches Lächeln. Ich halte in meinen Bewegungen inne. Erstarre. Vor mir liegt die Plastiktüte der Fleischtheke – samt angetackertem Beleg. Schweineschnitzel 427 Gramm; 3,12 Euro; bla bla bla; Uhrzeit: 18:05 Uhr. Es bediente Sie Frau Bödecker.

18:50 Uhr

Hilde isst ihr Schnitzel mit Genuss, ist gut drauf und erzählt lustige Geschichten aus der Onkologie.

„Lecker", lobt sie zwischendurch mit etwas vollem Mund, schluckt und lupft ihre Augenbrauen. „Teuer?"
„Weiß nicht."
„Guck doch mal auf den Bon."
Ich kenne sie. Die Sticheleien werden den ganzen Abend so weiter gehen. Dabei bin ich mir nicht ganz sicher, ob ich das verdient habe. Schließlich lag sie ja gestern mit dem Maggi falsch und heute mit den Schnitzeln richtig. Meine männliche Einfalt sagt mir, dass wir damit quitt sind, meine Erfahrung sagt mir, dass ich blöd bin.

19:23 Uhr

Meine männliche Einfalt soll wider Erwarten doch recht behalten, zumindest für heute. Hilde sitzt in der Küche am Laptop und schreibt wieder über Leute, die Lord Henry Puffington und Lady Jane Hayworth oder Emma und George heißen. Charakter eins: reich, gemein, ekelig, Stiefvater einer betörend hübschen Tochter. Charakter zwei: Arm, nett, wahnsinnig sexy, wird von Charakter eins von der betörend hübschen Tochter ferngehalten.

Immerhin muss ich zugeben, dass diese beiden fein gewobenen Charaktere mir mein Abendessen bezahlt haben. Wir beide leben also von der Denkfäule einer Masse, die nichts anderes will, als den Realitäten dieser Welt mit Hilfe eines Romans zu entfliehen. Deutschlehrer nennen so etwas Eskapismus und

verziehen dabei angewidert das Gesicht. Unsere
Währung heißt Dummheit. Eine Schachtel Zigaretten
kostet fünf Dummheit, fünfzig. Wir sind keinen Deut
besser als diese Toffifee Werbetexter. Hilde, weil sie es
schreibt, ich, weil ich das Schnitzel esse. Dabei habe
ich gar nichts gegen Eskapismus, der kann nämlich
richtig gut gemacht sein. „Der Herr der Ringe" ist nun
auch nicht gerade sozialkritisch und trotzdem ein
fantastischer Roman. Nur die Kritiker, insbesondere
die der achtundsechziger Generation, bekommen
davon Magenkrämpfe. Wenn es nach denen ginge,
gäbe es nur Böll, Brecht und Grass. Schon
widersprüchlich, dass diese Freiheitskämpfer-
generation nur Autoren gelten lässt, die den ganzen
Tag mit erhobenem Zeigefinger und Aufruf zum
Klassenkampf durch die Leserwelt latschen. Die
Mahner. Die Wächter der Volksmeinung. Die Clique,
die weiß, was gut für den Pöbel ist. Linksintellektuelle
Hennen die Meinungen ausbrüten. Wer sie nicht mag,
ist per definitionem doof. Rechtsintellektuelle Hennen
gibt's ja nicht, nur Thilo Sarrazin, aber der hält sich
auch nur dafür.

20:12 Uhr

Party

   *Ein Rollkragen mit Hornbrille sagt zu mir: „Grass! Mit
dem kann man Dich doch nicht vergleichen."*

Ich: „Dann würdest Du Dir auch mächtig eine fangen, Denksklave."

Lächeln süß-sauer von dem Brillenkragen.

Ich: „Die Sache mit den Nationalsozialisten war aus jeder denkbaren Perspektive ne wirklich doofe Idee und das spießige Muffbürgertum war schuld."

Kragenrolle: „?"

Ich: „779 Seiten Blechtrommel zusammengefasst."

Wieder Lächeln süß-sauer von der Rollbrille.

„War schon wichtig, damals", sagt er.

„Es war wichtig, einen Satz auf 779 Seiten aufzublähen?"

„Die Wirkung!"

„Also bei mir eher abführend."

Das war plump. Kragenhorn lächelt nicht mehr. „Grass hat mit diesem Werk die totgeschwiegene braune Vergangenheit in das Bewusstsein der Bevölkerung zurückgeholt."

„Hätte er da nicht auch ein Bild malen können? Dann hätte ich nicht drei Tage meines Lebens in den Orkus des ‚sag mir mal was Neues' gerotzt."

„Für die Leute damals war es was Neues."

„Die haben doch den Mist noch selber mitgemacht?! Die haben die Affen doch sogar noch gewählt!"

„Es aber verdrängt. Das Thema war tabu. Grass hat es zurückgeholt. Zur gesellschaftlichen Aufarbeitung bereitgestellt sozusagen."

„Bei Literaturkritikern und Gymnasiallehrern, in deren Hirn es eh schon war."

Rollhorn denkt nach. „Du stellst da eine Behauptung auf, die nicht ansatzweise belegt und so wirklich unhaltbar ist."

„Das Einzige, was an der ganzen Geschichte unhaltbar ist, ist dieser aberwitzig prätentiöse Stilmix, der Grass als waschecht krankhaften Narzissten entlarvt. Ein Größenwahnsinniger. Ein Möchtegern-Könner, Anerkennungs-Junkie. Im Englischen gibt es dafür einen feststehenden Begriff: Attention-Seeking-Slut. Diese vollkommen verquaste Hobbylyrik, versetzt mit übelerregend gestelzter Prosa, ist so aufgebläht und verdreht, dass sie absolut unverständlich, ja sinnentleert wird und so vorsichtshalber mal vom Literaturklüngel als genial etikettiert wird, bevor das Bildungsbürgertum in den Verdacht gerät, vielleicht zu doof dafür zu sein."

Der Brillenkragen wird fies und laut. „Jetzt pass mal auf, Du Gagschreiber. Die Blechtrommel gilt als das wichtigste literarische Werk der deutschen Nachkriegsgeschichte, da kannst Du Dich auf den Kopf stellen."

Laut kann ich auch: „Deswegen sagte ich eingangs auch „Denksklave" zu Dir. Bloß nicht selber den Kopf benutzen, sonst nutzt er sich ab und die Brille passt nachher nicht mehr. Du trägst doch nur n Rolli, damit man das Gewinde am Hals nicht sieht. Ja, ja, was die Germanistik- und Literaturprofs da von ihren Kanzeln predigen, wird ja wohl stimmen. Die haben ja studiert, muss ja für irgendwas gut gewesen sein, oder? Oder was jetzt?"

Hornroll und ich stehen uns mit roten Köpfen schnaubend gegenüber.

Horst stellt sich zwischen uns.

„Aber der Film war geil, oder?"

Kragenbrille und ich stimmen zu. „Ja, der war geil", sagen wir synchron.

„Und die Sauerei mit der Brause, hehehehe", schwärmt Horst.
„Ohhhh, jaaaaa", jauchzen wir drei im Chor.
Man soll ja neben dem kritischen Diskurs auch immer das Verbindende suchen. Manchmal ist das ganz einfach.

20:14 Uhr

Ich schaue kurz zu Hilde in die Küche, bevor ich die Glotze im Wohnzimmer anmache. Sie beackert die Tastatur, als gäbe es kein Morgen mehr. Sie ist wohl grad im flow, diesem beneidenswerten Arbeitsfluss, der viel zu selten auftritt.

„Und? Gibt's noch Hoffnung für die junge Liebe?" quatsche ich trotzdem dazwischen und lege damit einen Mangel an Empathie an den Tag, der seinesgleichen sucht. Meine Beweggründe hierfür möchte ich gar nicht kennen – glaube ich.

Hilde sieht nicht auf, sie sagt nur „Bring mich jetzt nicht raus" und schreibt weiter. Wie viel sie heute wohl noch schafft? Bestimmt wieder zehn oder zwölf Seiten. Rohfassung, klar, aber das Material ist erst mal da. Auf jeden Fall doppelt so viel, wie ich schaffe. An guten Tagen!

Ich lese mir noch mal die Grass-Geschichte durch. Wer auf Grass herumhackt, wird es im deutschen Literaturbetrieb nicht allzu weit bringen. So viel ist mal sicher. Wahrscheinlich ist da dieser Selbstsabotagemechanismus bei mir wieder mal federführend gewesen. Aber ich kann mit dem Knaben einfach nichts anfangen. Da beißt der Walser keinen Faden ab.

Bei Hemingway gibt es keinen einzigen Satz, den nicht auch der letzte Klempnergehilfe verstehen würde. Und doch hat er die Menschen, das Leben und die Welt mit all ihren Facetten in voller Tiefe wunderbar darstellen können - für jedermann. Der brauchte keine aufgeblähten, pseudokünstlerischen Wortgebirge mit viel zu viel Selbstbeweihräucherungsfett, um seine literarische Impotenz zu verbergen. Altachtundsechziger Kunstfett. Kein Gramm Wort zu viel oder zu wenig an Hemingway's Werk. Oder Kästner. Oder Fallada, ach, der gute Fallada.

Du Grass, der Du bist nicht jenseits sondern mitten drin im kryptischen Gefasel. Du aufgeblasener Dilettant mit Nobelpreis. Du, der Kritikern die vergiftete Milch in die Brust schießen lässt. Du, der impotente Intellektuellentürme schamlos falsch und feige erigieren lässt; feucht und unerbittlich, gnadenlos gelber Ausfluss, stinkend und schmerzhaft im Genital des Schönen und Wahren.
So! Jawoll so isses und Prost!

Grass hin, Grass her. Literatur ist nun einmal nicht nur Schöngeist, sondern auch Geschäft. Nicht auch. Sie ist ein Geschäft. Und der Grass hat nun einmal seine Zielgruppe; zweifellos. Das ist ein bisschen wie mit sexuellen Fantasien. Was für die einen eine Masturbationsvorlage ist, lässt andere die Polizei rufen oder einfach eruptiv kotzen. Wichtig für die Auflage ist in jedem Fall, dieses spezielle eine Prozent an Leuten auf seiner Seite zu haben, die für andere entscheiden, wann sie zu masturbieren und wann sie zu kotzen haben. Also die Kritiker – die Wareneingangsqualitätskontrolleure der bildungsbürgerlichen Bücherprotz Hast-Du-die-etwa-alle-gelesen?-Regale. Davor drapiert: Rotwein schlürfende Deutschlehrer im schummrigen Energiesparleselampenlicht, diskutierend, auf allerhöchstem Niveau, wie sie meinen.

Ich hasse Deutschlehrer, diese „Ich-quäle-gerne-Vierzehnjährige-mit-Dürrenmatt-weil-ich-eigentlich-ein-Würstchen-bin" Perversen.

Deutschlehrer haben sogar etwas mit Lothar Matthäus gemeinsam: beide wollen sehr jungen Menschen etwas Großes zeigen und wundern sich, dass die damit noch gar nichts anfangen können. Wenn die sich dann dagegen wehren, sind sie unreif und werden es im Leben wohl nie zu etwas bringen. Eigentlich sollte dieses Germanistengesockse komplett von RTL und SAT 1 bezahlt werden. Es gibt keine einzige Berufsgruppe in diesem Land, die jungen Menschen so konsequent und erfolgreich für den Rest ihres Lebens das Lesen abgewöhnt und für immer in deren Arme treibt. Sie haben keine Meinung zu Büchern, sie haben eine Lösung. Sie analysieren Texte wie chemische Substanzen. Sie vergehen sich an der

Schönheit und an der Hässlichkeit im Menschlichen und ziehen dabei auch noch Unschuldige mit in ihre Abgründe, denn sie machen aus der Kunst Mathematik und aus unseren Gedanken und Gefühlen Gleichungen. Lebte Shakespeare noch - er würde die Schüler bewaffnen. War ja auch nicht zimperlich, der alte Bill. Heute sind alle zimperlich und politisch korrekt. Werden vielleicht Werbetexter für Toffifee. Ich nicht, eher erschieße ich mich oder verhungere oder saufe mich zu Tode; was wohl das Wahrscheinlichste ist.

Prost!

21:12 Uhr

Ich bin ganz ergriffen. Bisher ahnte ich nur, dass ich ein Held bin, der das bisschen Schönheit auf dieser Welt vor der Vernichtung bewahrt oder bei dem Versuch stirbt. Jetzt weiß ich es.

Menschen mit regelmäßigem Einkommen haben für Leute wie mich ein Wort erfunden: Idiot. Differenzierter: Idiot, der nichts kann, vor der Glotze sitzt, sich aber nach fünf Bier für Shakespeare oder Hemingway hält und Deutschlehrer verurteilt! Ich schlafe besser, sonst erwürge ich mich noch mit eigenen Händen.

Dritter Tag

03:57 Uhr

Hilde weckt mich. „Komm ins Bett." Sie ist fix und fertig. Ich sehe es an ihrem Gang, als sie das Wohnzimmer wieder verlässt. Beim Aufstehen werfe ich mit den Füßen drei leere Bierflaschen laut klimpernd um und wackle ins Bett.

„Und?" frage ich Hilde leise.

„Fast fertig. Ich muss noch ein bisschen am Schlusskapitel basteln. Morgen mache ich schon mal einen Termin mit der Uschi."

„Uschi?"

„Meine neue Lektorin. Die Dörte arbeitet jetzt bei Suhrkamp."

„Die arme Sau. Und Deine neue Lektorin heißt Uschi?"

„Genau, sie ist aber weder blond noch blöd. Bei der stapeln sich die akademischen Titel bis unter die Decke. Die passen auf keine Visitenkarte. Also nix da mit ‚nomen est omen'. "

„Wow!"

Die Bemerkung: ‚Und dann lektoriert man Kitschromane?' verkneife ich mir. Ich denke, Hilde stellt sich solche Fragen nicht.

06:02 Uhr

Die Wohnungstür fällt leise ins Schloss. Hilde ist auf dem Weg zum Dienst. Ich werde noch zwei Stunden liegen bleiben. Grundsätzlich nagt es natürlich enorm an meinem männlichen Stolz, dass Hilde früh morgens das Haus verlässt und die Brötchen, pardon, die Heizkosten verdient, während ich noch faul im Bett liege, aber um diese Zeit schläft er noch, mein männlicher Stolz.

08:00 Uhr

Die Lautstärke des Radioweckers wurde verstellt. Eine andere Erklärung habe ich nicht. Der kleine Brüllwürfel peitscht mich mit ohrenbetäubendem Lärm aus dem Bett. Und das ausgerechnet mit Shakira, diesem singenden Schaf (oh baby, when you talk like thääääähhähähähät, you make a woman go mähähähähd.) Ich schlage auf den Wecker ein, bis er verstummt.

08:01 Uhr

Vor dem Badezimmerspiegel halte ich mir die übliche Morgenpredigt zum Thema Alkohol und Zigaretten. Außerdem beschwere ich mich während des Zähneputzens leicht nuschelnd über die Qualität der heute im Radio gespielten Musik. Mir fällt dabei auf, dass es mich heute Morgen auch schlimmer hätte erwischen können als mit Shakira. Es hätten auch Juli oder Rosenstolz sein können. Oder Luxuslärm oder Silbermond. Silbermond:

„Syhyhmphonieeeeeeeeeeee" Oh, Grundgütiger, lass diesen Kelch der musikalischen Höchststrafe an mir vorüber gehen.

08:08 Uhr

In der Küche drücke ich Reinholds Taste für eine große Tasse Kaffee und augenblicklich dröhnt mir das Lied „Syhyhmphonieeeeeeeeeeee" von Silbermond entgegen. Meine Ohren werden vergewaltigt und angespuckt. Blass trete ich einen Schritt von dem Kaffeevollautomaten zurück und starre ihn mit offenem Mund ängstlich an. Dann wage ich mich wieder vor und drücke panisch wieder und wieder die Taste für eine große Tasse Kaffee. Es hört nicht auf. „Syhymphonieeeeeeeeeeee". Ich muss Reinhold von der Stromversorgung trennen. Ich ziehe den Stecker. Ohne Erfolg. „Syhymphonieeeeeeeeeeee". Mir dreht sich alles, ich schwanke. Noch etwa zehn Sekunden und mein Hirnareal für guten Musikgeschmack wird unwiederbringlich abgestorben sein.

 Ich halluziniere, Dieter Bohlen flimmert unscharf vor mir auf. Er lacht! Oder will er mich fressen? „Der Radiowecker", bellt er mir höhnisch entgegen. „Es ist der Radiowecker, Du hoffnungsloser Idiot!"

 Ich taumle ins Schlafzimmer und drücke die „Aus" Taste des Radioweckers. Dieter Bohlen hat meinen Musikgeschmack gerettet. Das kann ich unmöglich irgendjemandem auf diesem Planeten erzählen.

Als ich aufstand, hatte ich wohl versehentlich in meinem Bemühen, Shakira totzuschlagen, die Schlummertaste erwischt und wurde dafür mit Silbermond bestraft. Der Tag ist acht Minuten alt. Statistisch gesehen dürfte heute nichts Schlimmes mehr passieren. Wenn es nicht auch das Gesetz der Serie gäbe.

08:10 Uhr

Der Ärger über die lokalen Radiosender, deren Musikprogramm und die mich um meine geistige Gesundheit bangen lassende Erfahrung mit Herrn Bohlen, haben mich mit Energie aufgeladen. Also ziehe ich mir mein letztes, gebügeltes weißes Hemd an und stolziere mit der Tasse Kaffee schnellen, festen Schrittes in mein Arbeitszimmer. PC hochfahren, bei facebook einloggen, Mails abrufen, Word aufmachen, husten, Zigarette anzünden. Noch einmal husten, Schlückchen Kaffee.

Die Schmidt Redaktion hat sich nicht gemeldet.

Im Posteingang befindet sich nur eine Mail von Susi Angscorx123, die mich gerne kennenlernen will, weil sie glaubt, dass man mir ganz prima einen blasen könnte und gleich um die Ecke wohnt. Ich soll doch mal den Anhang öffnen, weil da ein Foto von ihr zu finden sei.

Im Internet schaue ich mir die Highlights der Show
von gestern an. Die Gags sind diesmal erbärmlich
schlecht. Noch schlechter als der, den ich mir aus dem
Kopf gewrungen habe. Das freut mich ungemein -
und nützt mir herzlich wenig. Sich einfach mal bei mir
melden, kommt für die feinen Damen und Herren der
Unterhaltungsbranche natürlich nicht in Frage.
Sackgesichter.

08:15 Uhr

Soll ich jetzt motiviert sein? Ich bin besser als die
Schmidt-Autoren – Plus. Die melden sich *trotzdem*
nicht – Minus. Ganz dickes Minus. Es verschlingt das
Plus in einem Happs, rülpst und verströmt dabei den
Gestank des „in-diesem-Leben-einfach-nicht-Glück-
haben-*Dürfens*".

Vielleicht hätte ich damals doch
Unternehmensberater bleiben sollen, statt mich dem
Kreativen zu verschreiben? Ich wollte aber ein
sinnvolles Leben, eine sinnvolle Arbeit, die Spaß
macht. Zumindest eine Arbeit, die Spaß macht und
dabei niemandem schadet.

Zwölf Jahre habe ich in dem Job gearbeitet.

Ich bin nicht stolz auf diese Zeit. Wenn ein
Forscher wissen will, wie tief der tiefste Punkt auf
diesem Planeten ist, dann fährt er zum
Mariannengraben und misst. Wenn man im
Dienstleistungssektor wissen möchte, wie

betrügerisch, hinterhältig, abgebrüht, falsch, nutzlos, ruinös teuer und schädlich Menschen sein können, dann arbeitet man in einer Unternehmensberatung oder beauftragt eine. Unter dem Strich kommt das gleiche raus - man ist am Arsch. Jetzt muss ich mich schon wieder aufregen und auch schämen. Ich habe ja mitgemacht. Mir fällt dazu was ein:

10:14 Uhr

Unternehmensberater

Hilde: „Hast Du Milch gekauft?"
Fabian (In der Küchentür mit Anzug, Hemd, Schlips): „Dieses Item kann ich in keinem der relevanten Planungsszenarien entdecken."
Hilde: „Wieder im Unternehmensberater-Modus, was?"
Fabian: „Das Anlegen branchenüblicher Kleidung sowie die konsequente Utilisierung eines elaborierten denglischen Codes legt diese conclusion nahe. Ich darf Ihnen zu Ihrer messerscharfen Schlussfolgerung gratulieren."
Hilde: „Danke. Du meinst also, Milch stand nicht auf der Einkaufsliste?"
Fabian: „Korrekt!"
Hilde (Zettel in der Hand): „Hier steht's aber, Herr Senior Consultant."
Fabian: „Da steht explizit ‚H-Milch'."
Hilde: „Oh, Mann, jedes Mal vergisst Du was."

Fabian: „Völlig unhaltbare These. Das Einhalten von Planungsvorgaben ist nicht „vergessen", sondern verantwortungsbewusstes, planvolles Handeln im eigentlichen Sinne."

Hilde: „Hast Du denn H-Milch mitgebracht?"

Fabian: „Mit was denn, sehr verehrte Frau Hilde? H-Milch kostet 0,59 Euro. Der Kassenbestand offenbarte jedoch zum Zeitpunkt des geplanten Vertragsschlusses mit der Firma Aldi eine negative Abweichung in Höhe von minus 0,79 Euro von der Liquiditätsplanung, respektive vom Kassen-Sollbestand; dies ist vor dem Hintergrund der Einhaltung der von uns einvernehmlich verabschiedeten Mile-Stones im Sanierungsprozess kritisch zu werten. Auf gut Deutsch: da hat wohl jemand in die Kasse gegriffen. Die Recherche ergab nämlich, dass in der vergangenen Woche unplanmäßig zusätzliche Blockschokolade in Höhe von 1,29 Euro angeschafft worden ist. Der Betrag wurde offensichtlich aus Barmitteln bestritten. Es erfolgte ein Verschleierungsversuch mittels Pfandeinlösung von zwei PET Flaschen. Dies führte zu einem Zufluss an Cash in Höhe von 0,50 Euro. Womit die Soll/Ist Abweichung von besagten 0,79 Euro plausibilisiert wäre. Stümperhaft Versuch. Wie auch immer: ein zeitnahes Gegensteuern in Form nicht gekaufter H-Milch war also unabdingbar. Ein Fehlbetrag von 0,79 Euro sowie H-Milch für 0,59 Euro würde bereits zu einer Liquiditätslücke in Höhe von 1,38 Euro geführt haben. Unverantwortbar."

Hilde: „Dann gibt's eben keine Käsesuppe heute."

Fabian: „Aber, aber, meine Gnädigste. Wer wird denn gleich die Flinte ins Korn werfen? Wofür bekomme ich denn einen Stundensatz von 725 Euro?"
Hilde: „Weiß nicht. Für ‚keine H-Milch holen'?"
Fabian (ernst): „Ihr Sarkasmus ist unangebracht. Erst recht in Ihrer Situation."
 Hilde: „Entschuldigung."
 Fabian: „Ich habe mir erlaubt, ein Konzept auszuarbeiten. Step 1: Einlösen weiterer vier PET-Flaschen. Liquiditätszufluss: Ein Euro."
 Hilde: „Prima. Problem gelöst!"
 Fabian: „Leider ist es nicht so einfach. Überlassen Sie das Denken mir, dafür bekomme ich ja meinen Stundensatz."
Hilde: „…"
Fabian: „ Dieser Euro ist natürlich in der Liquiditätsplanung der nächsten Woche bereits auf der Ausgabenseite verplant und somit nicht frei verfügbar. Das heißt, wir würden in verantwortungsloser Weise unser 0,79 Euro Defizitproblem nicht lösen, sondern nur auf nächste Woche verschieben. Und nächste Woche wird die Miete abgebucht. Die Banker verstehen da heutzutage keinen Spaß mehr. Keine ausreichende Deckung – keine Überweisung! Also Step 2: Den Vermieter Klawuttke anrufen – selbstverständlich übernehme ich die Verhandlungen mit den Gläubigern - und um Mietaufschub bitten. Das gibt uns liquiditätsmäßig Luft. Das befreit. Step 3: In der längerfristigen Betrachtung müssen die 0,79 Euro natürlich irgendwie wieder eingespart werden – auch wenn das nicht von heute auf morgen geht. Also schlage ich vor, dass wir über einen Zeitraum von sechs bis acht Monaten im Bereich des

Zigarettenverbrauchs eine Einsparung von vier bis fünf Stück vornehmen. Das ist schmerzhaft, aber unausweichlich. Das Ganze verbinden wir mit einem stringenten Debitorenmanagement. Auf diese Weise erreichen wir, dass a) unser Haushaltsschiff wieder auf Kurs kommt und b) dem Kurzfristziel Käsesuppe ebenfalls nichts mehr im Wege steht."

Hilde: „Was soll stringentes Debitorenmanagement heißen?"

Fabian: „Wir zahlen nur, wenn wir in den Lauf einer Waffe gucken."

Hilde: „Stringenz bedeutet Schlüssigkeit in Bezug auf ein Argument, also entweder dessen formale Korrektheit oder die Gültigkeit des Arguments und Wahrheit der Prämissen. Was Sie meinen, ist Konsequenz. Sie aufgeblasener Worthülsenjongleur. Sie Betrüger, Blender, Verbrecher."

Fabian: „Meine Liebe, es handelt sich um einen elaborierten, wirtschaftswissenschaftlich fundierten Plan, so viel steht unzweifelhaft fest. Ich hoffe, sie, sehr verehrte Frau Hilde, werden nach reiflicher Überlegung ebenfalls mit meiner Arbeit so zufrieden sein, wie ich es selbst bin und darf in aller Bescheidenheit auf Folgeaufträge hoffen. Meine Rechnung für zwei Stunden in Höhe von 1440,00 Euro zzgl. Mehrwertsteuer und Spesen mit der Bitte um baldige Erledigung erlaube ich mir hiermit zu überreichen. Sollten Sie aufgrund Ihrer angespannten Liquiditätslage Probleme damit haben, bin ich gerne bereit, für Sie etwas Entsprechendes auszuarbeiten. Meinen Stundensatz kennen Sie ja."

Hilde: „Ich habe Kopfschmerzen. Gib mir mal den Euro für den Einkaufswagen. Bin gleich wieder da."

Hilde verlässt die Wohnung und schließt die Tür. Macht sie nach einigen Sekunden wieder auf.
Hilde: „Zwei Stunden à 725 Euro kosten 1450 Euro."

10:19 Uhr

Das Gagpotenzial der Nachrichten fällt heute noch armseliger aus, als gestern. Wenn es so eine Art Witzarmee gäbe, würden heute alle Nachrichten bei der Musterung als dienstuntauglich wieder nach Hause geschickt werden. Wenn ich wirklich für Schmidt arbeiten würde, blieben mir jetzt keine zwei Stunden mehr, bis ich die Gags abliefern müsste. Zwanzig an der Zahl. Jeden Tag, Nachrichtenlage hin, Nachrichtenlage her.

Dann schustere ich mir eben was zusammen. Die zukünftigen Kollegen, die, die mich nicht rein lassen wollen in ihre heiligen Hallen, können auch nicht zaubern, die kochen mit ganz lauwarmen Wasser, die Jungs, ich sehe das Ergebnis ihrer Arbeit doch jeden Tag!

11:24 Uhr

Fünf schlechte Gags. Fertiggeschustert für heute, weg damit, mir bleibt keine Wahl, sollen sie doch erst mal Besseres schreiben.

Das Telefon klingelt, Nummer unbekannt. Das mag ich nicht. Ich klingele ja auch nicht an irgendeiner

Haustür und stehe mit einem Damenstrumpf über meinem Kopf davor. Ich lasse es klingeln.

11:45 Uhr

Mir ist langweilig. Drohender Zeitinfarkt. Beste Bedingungen, mich über Belanglosigkeiten aufzuregen.

Im Radio spricht ein Veganer darüber, wie verantwortungslos, rückständig und dumm der deutsche Fleischesser ist. Jede seiner Aussagen zielt darauf ab, Fleischesser entweder umzuerziehen oder endgültig als Schädlinge aus der Nahrungskette zu entfernen. Was für ein Nazigrünkernbratling. Grundsätzlich habe ich überhaupt nichts gegen Veganer. Ich habe aber sehr wohl etwas gegen Fundamentalisten, die unentwegt missionarisch unterwegs sind. Es gibt Veganer, die sind so engstirnig, man könnte sie als die Salafisten unter den Fleischverächtern bezeichnen. Sie latschen mit moralgetränkten Argumentationsprengstoffgürteln aus der Gemüseabteilung vorzugsweise durch die sozialen Netzwerke und klagen über Verschleißerscheinungen in den Gelenken ihrer Zeigefinger. Salatisten sozusagen.

Schlagzeile: „Salatisten verteilen kostenlose Salatblätter in deutschen Innenstädten"

Statt Salatisten ist mir zuerst das Wort Salatfisten in den Sinn gekommen, das klingt aber irgendwie nach Ferkelei. Ist im Grunde aber auch egal, den Witz wird sowieso nie jemand zu Gesicht bekommen. Wer soll denn so etwas veröffentlichen?

Gelänge mir allerdings ein Salafisten-Veganer-Gag in Verbindung mit einer Mohammedkarikatur, wäre mir ein marketingtechnischer Coup gelungen, der seinesgleichen sucht. Wenigstens beinahe. Schön wäre, wenn der Prophet beispielsweise einen Blumenkohl mit brennender Zündschnur in der Hand hielte und dabei leicht verschlagen bis mordlüstern aus der Fair-Trade-Unterwäsche schaut. Auf allen Nachrichtensendern der Welt würden dann hysterische Islamisten gezeigt, die mit automatischen Waffen in die Luft ballernd mein Buch und die deutsche Flagge verbrennen. Dann brauche ich nur noch eine Flaggenfabrik gründen und dann kann ich Hilde auch mal groß zum Essen ausführen.

11:47 Uhr

Das Telefon klingelt wieder. Rufnummer unbekannt. Vielleicht ein Flaggenverkäufer? Soll er doch am Hörer verhungern, ich bin noch nicht soweit.

11:55 Uhr

„Bulöpp"

Hilde hat mir von ihrem Smartphone eine Nachricht auf facebook geschickt. „Bist Du nicht zu Hause? Oder gehst Du einfach nicht ans Telefon? Die Uschi hat versucht, Dich zu erreichen. Ruf die bitte mal zurück. Hier ist die Telefonnummer."

Was will die denn von mir? Frage ich erst mich und dann Hilde.

„Bulöpp"

„Was die von Dir will? Die verkauft günstig gebrauchte Fahrräder und will sich mal ganz unverbindlich mit Dir unterhalten. Mann, Du stellst Fragen. Die lebt davon, Bücher markttauglich zu machen. Schon mal gehört? Lek-to-rin ist die Berufsbezeichnung. Kann ja nicht schaden mit der zu sprechen, oder?"

Das trifft mich jetzt irgendwie. Ganz mulmig wird mir zumute. „Richtig, Hilde, auf jeden Fall, mache ich", schreibe ich zurück.

„Bulöpp"

„Und bring mir bitte Tofu mit für heute Abend. SCHREIB ES DIR AUF!!!"

Oh, Scheiße, Scheiße, Scheiße. Ich habe in meinem ganzen Leben noch nie mit einer Lektorin gesprochen, nur mit denen von Hilde und da beschränkte sich die Konversation auf „Guten Tag" und „Moment bitte, ich hole sie eben an den Apparat."

Was soll ich der denn sagen? „Ich habe schon zwölfeinhalb Seiten fertig? Die Grundidee ist mir selber völlig schleierhaft. Über eine konkrete Handlung habe ich überhaupt noch nicht nachgedacht?"

Wenn mich irgendjemand auf meine Schreiberei anspricht, gelingt es mir mit tödlicher Sicherheit, ihn innerhalb von dreißig Sekunden davon zu überzeugen, dass es sich nicht lohnt, weiter nachzufragen. Das geht Hand in Hand mit meiner Fähigkeit, Witze zu erzählen. Der Grund ist ganz simpel: ich habe nicht den leisesten Dunst, was ich da treibe. Mir fehlt da der theoretische Unterbau. Das kann man prima verdrängen, solange man nicht gezwungen wird, mit einem Verlagsmitarbeiter zu sprechen.

12:15 Uhr

Ich muss die Uschi anrufen. Ich muss die Uschi anrufen. Ich muss die Uschi anrufen. Das Telefon und ihre Telefonnummer liegen vor mir wie zwei zischende Kobras. Meine Hände zittern und mein Puls liegt grob geschätzt bei etwa hundertachtzig. Ich zünde mir eine Zigarette an. Die fünfte, seit ich begonnen habe, das Telefon anzustarren. Vielleicht sollte ich zumindest rudimentär auch etwas über Humor aus sprachwissenschaftlicher Sicht wissen? Vielleicht gibt es da ja verschiedene Ansätze, die ich zumindest im Groben kennen sollte. Als Lektorin kann man da ja mal nachfragen. „Welchen sprachwissenschaftlichen Ansatz verfolgen sie denn so in ihrer humoristischen Arbeit, Herr Dotheno? Nur, damit ich sie schon mal grob einordnen kann."

Oh, fuck, fuck, fuck. Ich google.

12:22 Uhr

Mein Puls ist bei zweihundertzehn und selbst wenn ich wollte, meine Hände wären nicht in der Lage, eine Nummer zu wählen. Das Internet spuckt nämlich Folgendes zum Thema „Theorie des Witzes" aus:

„2. 1. Raskins Theorie der binären Scriptopposition

Raskins Begriff des "script" ist stark lexikosemantisch ausgerichtet:
"The script is a large chunk of semantic information surrounding the word or evoked by it. The script is a cognitive structure internalized by the native speaker and it represents the native speaker's knowledge of a small part of the world." (S. 81)
Ein Text kann demnach als Witz betrachtet werden, wenn
a) der Text ganz oder teilweise mit zwei verschiedenen, sich überlappenden Scripts kompatibel ist;
b) die beiden Scripts, mit denen der Text übereinstimmt, in grundlegender Opposition zueinander stehen. (S. 99)
Es soll also im Witz eine ganze oder partielle Überlappung von in Opposition zueinander stehenden Scripts entstehen, welche die Hörer/innen auflösen müssen.

Diskutiert werden kontextenthobene einfache und komplexe Witze; der folgende gilt als einfacher Witz:
"Ist der Doktor zu Hause" fragt der Patient mit flüsternder Erkältungsstimme. "Nein" haucht die junge, hübsche Frau zurück, "kommen Sie doch schnell herein" (Aus: Helga Kotthoff, „Erzählstile von mündlichen Witzen zur Erzielung von Komikeffekten durch Dialoginszenierungen und Stilisierung sozialer Typen im Witz". Universität Konstanz, Fachbereich Sprachwissenschaft, Arbeitspapier 68, Februar 1995)

12:54 Uhr

Die noch folgenden sieben Seiten des Textes sind sogar um einiges komplizierter, aber beim dritten Lesen komme ich dann doch so langsam dahinter, was gemeint ist. Es ist im Grunde gar nicht so schwer. Sie benutzen nur eine andere Sprache, die Sprachwissenschaftler. Mein Puls sinkt wieder auf ungesunde hundertachtzig. Ich hasse es, so ein Angsthase zu sein.

Das Telefon klingelt. Rufnummer unbekannt. Da ist sie wieder. Die Lektorin mit den vielen Universitätsabschlüssen. Der Puls beschleunigt wieder auf zweihundertzehn, ein mich entschuldigender Herzinfarkt will sich aber partout nicht einstellen. Ich hebe den Hörer ab. Eine Frauenstimme begrüßt mich.

„Guten Tag, haben Sie zwei Minuten für eine kleine Umfrage Zeit?"

Fantastisch. Unterdrückte Rufnummern sind in solchen Fällen gesetzlich verboten, ich hasse solche Anrufe und die Frau hat noch nicht mal eine Ahnung, dass sie irgendwo in meinem Körper beinahe ein Aneurysma zum Platzen gebracht hat.

„Weiß nicht so genau. Können wir uns nicht mal treffen?"

Sie lacht.

„Hach, Sie sind mir ja einer. Aber jetzt mal ernsthaft. Haben Sie kurz Zeit?"

„Sind Sie immer so, so hartnäckig, bestimmend?"

„Wie meinen?"

„Und Sie drücken sich so gewählt aus. Sind sie eine Lehrerin? Eine strenge Lehrerin? Das macht mich irgendwie so, ganz so, …, irgendwie"

„Äh, das wird mir jetzt aber schon ein bisschen…"

„Tragen sie eine Brille und haben die Haare hinten so zusammengeknotet? Klassischer Rock und klassische Bluse, die bis oben hin zugeknöpft ist?"

„Nein."

„Dann sind Sie für mich sexuell vollkommen uninteressant. Rufen Sie jemand anderen an."

Ich lege auf. Nett war das jetzt nicht von mir. Diese Callcenteragenten sind heute das, was die Kinder und Ponys in den englischen Kohleminen des neunzehnten Jahrhundert waren. Dickens hätte sie beweint. Die verarscht man nicht.

12:56 Uhr

Das Telefon klingelt. Rufnummer unbekannt. Jetzt muss es die Lektorin sein, das kann ich fast riechen. Ich nehme zitternd ab.

Nein, wieder ist es die Callcentermagd. Und diesmal brüllt sie mich an: „Dann mach Du doch mal meinen beschissenen Job, Du verficktes Bumsriesenwichsfurzdrecksarschloch!" Es folgen noch einige gutturale Laute, dann legt sie auf. Das habe ich wohl verdient. Aber einer Sprache befleißigen die sich - unterste Sohle. Vielleicht leidet sie ja auch unter dem Tourette-Syndrom? Auf dem Weg dahin bin ich auch, so fürchte ich manchmal. Unzusammenhängende Schimpfwörter, teilweise wahllos aneinandergereiht, seltsam herausgepresst oder nur unvollständig ausgesprochen, manchmal auch in Kombination mit seltsamen Lauten. So ein Tic kann bei mir schon dadurch hervorgerufen werden, wenn ich mir vor dem zu Bett gehen den Pullover so langsam und vorsichtig über den Kopf ausziehe wie es überhaupt möglich ist, aber das darunter liegende T-Shirt trotzdem soweit mit hochgezogen wird, dass es sich komplett über meinen Kopf stülpt und ich erst einmal nichts mehr sehen kann. In eher kälteren Jahreszeiten passiert mir das im Grunde jeden Abend. Und dann sprudeln diese seltsam kombinierten, äußerst unflätigen Ausdrücke über meine Lippen. „Rotzdingsbumsfickdiefuckanduck" oder etwas ähnlich Krankes. Ausgelöst wird der Tic durch eine Kombination von Wut und Hilflosigkeit. Das so evozierte Autoaggressionspotenzial ist gewaltig und es liegen Rasierklingen in unserem Bad herum! Aber das macht mir im Grunde kein Kopfzerbrechen. In diesen Situationen wären Rasierklingen in ihrer Anwendung viel zu subtil. Ein Baseballschläger wäre wesentlich gefährlicher. Aber wir haben noch keinen im Badezimmer.

13:02 Uhr

Das Telefon klingelt. Rufnummer unbekannt. Mit schweißnasser Hand greife ich den Hörer. „RasierklingenbaseballDotheno, guten Tag." Ich schließe die Augen und schieße sofort ein absolut aufgeräumtes „Fabian Dotheno, guten Tag" hinterher. Die Callcentermagd ist wieder in der Leitung. Sie zischt. „Was ich wirklich mal von Ihnen wissen will, Sie aufgeblasener, Hirnfotzdingsrexbingbonggrmpfz, was denken Sie eigentlich, wie Sie mit anderen Menschen umgehen dürfen? Hm?"

Diesmal will ich nachsichtig sein, Verständnis zeigen, deutlich machen, dass wir wenigstens teilweise die gleichen Probleme haben und irgendwie doch in einem Boot sitzen.

„Entschuldigen Sie bitte, es war nicht so gemeint. Ich habe auch mal schlechte Tage und ich weiß, wie hart Ihr Job sein kann. Ohne Not haben Sie den ja auch nicht angenommen. Das war eine ganz blöde Anzüglichkeit und ich möchte mich für mein Benehmen entschuldigen."

Sie gibt ein gedehntes „Ja?" von sich. Sie ist geneigt, meine Entschuldigung anzunehmen, will aber mehr! Sie will, dass ich sie als gleichwertigen Menschen behandle, dass wir uns auf Augenhöhe begegnen. Also beschließe ich, sie an meinen Gedanken teilhaben zu lassen und so ein Vertrauensverhältnis aufzubauen. „Wenn ich Ihnen eine Frage stellen dürfte: Halten Sie Rasierklingen vor dem Hintergrund einer aufkeimenden Tourette-Syndrom Erkrankung im Bad eigentlich auch für grundsätzlich eher harmlos?"

Ich höre ein „?"

„Also ich meine, Sie kennen das doch vielleicht. Stellen Sie sich folgende Szene vor: Sie sind im Bad und ziehen sich so langsam und vorsichtig wie möglich den Pullover aus…"

Ich muss den Hörer ganz schnell weit weg von meinem Ohr halten. Ich verstehe trotzdem, dass sie mir ganz offen und auch sehr ausführlich mit einem langsamen und schmerzhaften Tod droht, bevor sie auflegt.

13:07 Uhr

‚Kann ja nicht schaden, mal mit der zu sprechen, oder?'

Hilde sollte mich besser kennen. Generell kann jede Form der Kommunikation großes Unheil anrichten. Ein unbedachtes Wort kann die Karriere beenden, eine Ehe zerstören oder die Welt ausradieren. Schon mal etwas vom Schmetterlings-Effekt gehört?

13:34 Uhr

Telefon (Wenn Günther nicht Günther und Fabian nicht Fabian ist.)

Partys können sehr viel Spaß bringen, sofern man weder mit deren Vorbereitungen betraut ist, noch die eigenen vier Wände zur Verfügung stellt. Für den unangenehmen Fall, dass beides zusammenkommt, habe ich immer eine MRT-Aufnahme zur Hand, die einen Hirntumor unzweifelhaft nachweist und mich von allen Verpflichtungen entbindet. Hilde sieht das ähnlich. Deswegen gibt sie vor, „arbeiten" zu gehen und schiebt alles auf mich. Als ich ihr tränenüberströmt das MRT zeige, weist sie mich verletzend kühl darauf hin, dass das schon beim letzten Mal nicht geklappt hätte. Also organisiere ich und Hilde überwacht. Dass ich bei der Bäckerei Müller zwölf Baguettes bestellt habe, findet sie unverantwortlich. Auch wenn es bis auf den letzten Brotkrümel ihrer Anweisung entspricht. Es sollen jetzt aber mindestens fünfzehn sein. Sie schreibt mir überflüssigerweise die Telefonnummer der Bäckerei Müller auf. Vor ihren Augen zerknülle ich den Zettel und weise darauf hin, dass dies nun schon die vierte Änderung der Bestellung sei und dass ich die Nummer noch auf meinem Sterbebett werde aufsagen können.

Am nächsten Morgen wähle ich die Nummer der Bäckerei Müller. Ganz auswendig. Geht doch. Den Inhaber duze ich schon eine ganze Zeit. Wir verstehen uns gut; er hat auch eine Frau zu Hause.

„Hallo!" meldet er sich. Er klingt anders als sonst. Verschnupft und irgendwie ängstlich.

„Hallo Günther, hier ist Fabian. Du wirst es nicht glauben, aber…"

„Fabian! Da bist Du ja. Ich habe schon auf Deinen Anruf gewartet. Hat sich die Lage verändert?" Er scheint über meinen Anruf froh zu sein, aber seine Stimme zittert etwas.

Ich lache jovial. „Ja, hast schon geahnt, dass da noch was kommt, wie? Jetzt sind es fünfzehn statt zwölf. Tut mir leid."

Am anderen Ende der Leitung höre ich ein schweres Schlucken. „Bist Du sicher?" krächzt er.

„Ja, klar. Momentan fünfzehn. Da bin ich mir ganz sicher. Was morgen ist, weiß ich nicht. So ganz sicher kann man sich da ja nie sein. Du weißt ja, wie sie sind. Tendenziell wird es ja immer eher mehr als weniger."

„Ja, ich fürchte, da liegst Du richtig. Diese Drecksäcke. Ist Dir klar, was das bedeutet? Ist diese Information auch wirklich gesichert?"

Ich finde es etwas gewagt für einen Bäcker - auch wenn ich ihn seit langem kenne - dass er Frauen generell und meine Hilde im Speziellen als „Drecksäcke" bezeichnet, aber ich kann ihn irgendwie auch verstehen.

"Ja, doch, Günther. Ich werde mir ja wohl noch eine zweistellige Zahl merken können."

"Wenn es mehr als zwölf sind, müssen wir handeln, das weißt Du!" meint Günther.

Ich finde es ja toll, dass es Menschen gibt, die ihren Beruf ernst nehmen. Es gibt aber keinen Grund, gleich melodramatisch zu werden, weil er etwas mehr Mehl braucht.

"Jetzt mach Dir mal nicht ins Hemd, Günther. Das kriegst Du doch auf die Reihe oder?"

Günter atmet etwas schwer. "Du warst schon immer ein harter Hund, Fabian."

Ich erwidere, dass mir das neu sei. Günther lacht gequält. "Ja, ja und immer einen flotten Spruch auf den Lippen. Ich wünschte, ich hätte Deine Nerven. Ich muss mal eben mit der Chefin sprechen. Begeistert wird die nicht sein. Bist Du unter dieser Nummer weiter zu erreichen?"

"Ja, sicher. Und Günther: Mach Dir mal nicht ins Hemd wegen der Ollen. Wird Dir schon nicht den Kopf abreißen."

Fünf Minuten später ruft Günther zurück.

"Alles klar. Wir handeln. Danke für die Info, Fabian. Ich wünsche Dir viel Glück!" Günther legt auf. Was für eine Dramaqueen.

Alle laufenden Fernsehprogramme werden für eine Erklärung von Frau Bundeskanzlerin Dr. Merkel unterbrochen.

"Aktuellen Geheimdienstberichten zufolge hat sich die Zahl der syrischen Raketenabschussbasen an der türkischen

Grenze von zwölf auf fünfzehn erhöht. Die UNO hat lange Zeit versucht, der syrischen Regierung auf diplomatischem Wege verständlich zu machen, dass jede weitere Basis ein Einschreiten der Nato unabdingbar machen wird. Zu unserem größten Bedauern musste nun der Bündnisfall ausgelöst werden. Wir rechnen mit starker Gegenwehr der syrischen Armee, die auch – und ich muss das in aller Deutlichkeit sagen - deutsche Städte treffen kann. Ich wünsche Ihnen allen viel Kraft und Zuversicht in dieser schweren Zeit."

Hektisch suche ich den zerknüllten Zettel mit der Telefonnummer. Ich kann ihn nicht finden. Den ganzen Abend bin ich sehr nervös und kaue auf meinen Fingernägeln herum, während unten auf der Straße vor dem Haus drei Pkw's mit je zwei Insassen stehen und sich nicht bewegen. Seit vier Stunden. Hilde kann ich mich auch nicht anvertrauen.

Am nächsten Tag steht in der Presse, dass alles nur ein Missverständnis aufgrund einer nachrichtendienstlichen Panne war. Ein Mitarbeiter des BND mit dem ulkigen Decknamen Günther wurde gefeuert. Ansonsten ist nichts weiter passiert. Nur die Bäckerei Müller wurde von einer verirrten syrischen Rakete getroffen und vollständig zerstört.

13:38 Uhr

Ich blende meine Angst aus und wähle knallhart Uschis Nummer. Es ist besetzt. Wahlwiederholung. Es ist besetzt. Wahlwiederholung. Es ist besetzt. Wahlwiederholung. Es ist besetzt.

13:39 Uhr

Na, großartig. Viermal angerufen und nicht zu erreichen. Sehr professionell von der Dame. Und so jemanden empfiehlt mir Hilde? Ich möchte wirklich mal wissen, wie sie sich da rechtfertigen will.

13:40 Uhr

Schon wieder klingelt das Telefon. Da soll noch einer zum Schreiben kommen. Das ist bestimmt die unprofessionelle Lektorin.
Ich: „Fabian Dotheno!"
Sie: „Nass!"
    Ich: „?"
    Sie: „Ursula Nass, guten Tag. Schön, dass ich Sie am Apparat habe."
    Ich: „Guten Tag Frau… Nass."
    Sie: „Sie können ruhig Ursula zu mir sagen oder Uschi. Das machen alle."
    Ich: „Das glaube ich gerne."
    Sie: „Willst Du mich jetzt fragen, ob meine Eltern bei der Namensgebung bekifft waren oder einfach nur einen kranken Humor haben?"

Ich: „Nein, nein, sicher nicht. Sag mal – bist Du erkältet? Oder sprichst Du immer so…, sagen wir, nasal'?"

Sie: „Mein Name veranlasst die Menschen flache Witze zu machen und meine Stimme findet jeder blöd. Ich habe mich deswegen aber immer noch nicht umgebracht."

Ich: „Na, dann hängst Du halt am Leben, trotz allem. Ich finde das bewundernswert."

Sie: „Ok, Hilde sagte mir, dass Du Dich als Humorist etablieren willst. Ich suche immer neue, gute Leute in diesem Bereich."

Ich: „Und was habe ich damit zu tun?"

Sie: „Aha! Der erste Brüller. Für den Anfang gar nicht mal so schlecht!"

Ich: „Du lachst aber gar nicht."

Sie: „Ich habe beruflich mit Humor zu tun, da lacht man eher nach innen."

Ich: „Ach?!"

Sie: „Ernsthaft - hast Du gerade etwas, das ich gebrauchen kann?"

Ich: „Nichts Fertiges."

Sie: „Ich brauche nichts Fertiges. Es gibt nichts Fertiges, solange es nicht gedruckt ist. Wenn alles fertig wäre, von dem Schriftsteller behaupten, es sei fertig, gäbe es kein Lektorat. Was fertig ist, bestimme ich!"

Ich: „Ich präzisiere: Ich habe nichts, was schon so weit gediehen ist, dass es in Deinen Händen fertig werden könnte."

Sie: „Ist das eine Anzüglichkeit?"

Ich: „Du bist ja noch kränker als ich."

Sie: „Also schickst Du mir jetzt was oder nicht."

Ich: „Ich kann Dir ein paar Geschichten schicken. Die Figuren sind aber nicht eingeführt. Die stehen da einfach so für sich, ohne Gesamtkontext. Es wäre wesentlich besser, wenn die einzelnen Geschichten in einen größeren Handlungsrahmen…"

Sie: „Wenn es für sich genommen nicht witzig ist, haben wir ein grundsätzliches Problem. Also Du, meine ich."

Ich: „Ob etwas witzig ist, dürfte ja wohl Auffassungssache sein."

Sie: „Nein."

Ich: „Doch."

Sie: „Nein. Wann schickst Du mir was?"

Ich: „Von mir aus jetzt gleich."

Sehr forsch, die Dame. Und selbstsicher. Erinnert mich ein wenig an einen meiner Chefs bei der Unternehmensberatung.

14:10 Uhr

Ich schicke ihr die Geschichte mit dem Bankräuber, die mit dem Unternehmensberatermodus und die mit den Baguettes. Ich nenne sie „Baguetteraketen". Wohl ist mir dabei nicht.

14:18 Uhr

Das Telefon klingelt.

    Ich: „Fabian Dotheno."
    Sie: „Uschi hier."
    Ich: „Das ging aber schnell."
    Sie: „Ist ja auch nicht „Krieg und Frieden", oder?
    Ich: „Richtig. Und?"
    Sie: „Hm."
    Ich: „…"
    Sie: „Ich brauche mehr."
    Ich: „Kannst Du mir nicht erst mal sagen, wie Du die findest, die ich Dir geschickt habe?"
    Sie: „Geht schlechter. Aber aufgrund dieser drei Geschichten kann ich mir noch kein Bild machen, da muss noch mehr Fleisch an den Knochen. Sagen wir, noch fünfzehn, zwanzig Geschichten. Wenn die auf dem Level der drei von gerade oder höher sind und alle zusammen in sich, sagen wir mal, eine gewisse Konsistenz aufzeigen, könnten wir da vielleicht was drehen. Das mit dem Unternehmensberater ist ein wenig speziell. Wer weiß denn schon, was eine Liquiditätsplanung ist? Wie schnell kriegst Du das hin?"
    Ich: „Also wenn ich, sagen wir jeden zweiten Tag…"

Sie: „Wann?"

Ich: „Etwa einen Monat."

Sie: „Schick mir einfach jeden Tag, was Du produziert hast. Dann können wir rechtzeitig Gegensteuern, wenn da was aus dem Ruder läuft."

Ich: „Jawoll."

Sie: „Weitermachen."

14:20 Uhr

„Gegensteuern! Eine gewisse Konsistenz!" Diese multigraduierte Titelkrake meint wohl, sie… Ich denke den Gedanken besser nicht zu Ende, sonst klebe ich mir noch selbst eine. Nach so vielen Jahren der Herumdödelei als Möchtegernschriftsteller hilft mir jemand, einen Verlag zu finden und etwaige Stolpersteine während der Entstehung eines Buches rechtzeitig aus dem Wege zu räumen und mein erster Gedanke ist nicht „Hurra!", sondern „Blöde Kuh!"

Es würde mich wirklich interessieren, was da in meinem Kopf schief gelaufen ist. Ich tippe mal auf Angst. Uschi stellt mich vor eine Brücke, die ich zwar alleine wohl nie gefunden hätte, aber sie zwingt mich auch, das schwankende Ding zu überqueren. Auch wenn sie mir dabei Händchen hält, kann jederzeit Talentfreiheit entdeckt und von professioneller Seite bestätigt werden. Und dann liege ich da unten mit zerschmetterten Träumen im Tal der Mittelmäßigkeit. Sie hat mich in diese gefährliche Situation gebracht und das macht mir Angst. Und wer mir Angst macht, auf den bin ich sauer.

14:25 Uhr

Ich könnte bei der Uschi ganz leicht den falschen Eindruck erwecken, produktiv und ehrgeizig zu sein, wenn ich ihr die Grass/Rollkragengeschichte zuschicke und behaupte, dass ich sie gerade aus dem Ärmel geschüttelt hätte. Macht man sowas? Ich auf jeden Fall.

14:26 Uhr

Doch zuerst wird Tofu für Hilde gekauft. Ich habe es mir nicht aufgeschrieben und doch nicht vergessen! Ha! Wahrscheinlich, weil mein Hirn mit Tofu so viel assoziiert und damit das Hasszentrum stimuliert. Hasszentrum und Gedächtnis hängen also neurologisch gesehen miteinander zusammen. Ob die Wissenschaft sich schon mit dieser Hypothese auseinandergesetzt hat?

    Ich mag argentinisches Rinderfilet. Damit könnte ich mich wollüstig behängen, darin baden; es ist ein unleugbar erotisches Verhältnis. Das ist weder nachhaltig, noch ökologisch und sozial korrekt, dessen bin ich mir bewusst. Voll bewusst! Und ich liebe es! Denn mit jedem Bissen dieser Köstlichkeiten nehme ich nicht nur Nahrung zu mir. Nein! Ich weiß, dass sich politisch korrekte Gymnasiallehrer, Redakteure der dritten Programme und der Süddeutschen Zeitung mit jedem Gramm importierten Rindfleisches ein wenig näher an den Herzinfarkt ärgern. Das ist meine Würze; meine Geheimzutat, meine stille Freude. Ich lasse mich gerne überzeugen, aber nicht als dummes Arschloch bezeichnen, nur weil ich eine Meinung nicht teile. Herabsetzung und Bevormundung – das sind zwei Felsen, die einen gewissen südamerikanischen Diktator beschützen und den Zugang zu meiner Ratio unwiederbringlich versperren. Das scheint sich in allen Bereichen wie ein roter Faden durch mein Leben zu ziehen.

Nicht angreifbar wird man ohnehin erst ab Fruktarier. Das sind die, die unter den Bäumen sitzen und warten, bis etwas Essbares herunterfällt.

14:30 Uhr

Hach, ich rege mich aber auch über Sachen auf. Wahrscheinlich kriege ich irgendwann einen Herzinfarkt, weil ich mich über die aufrege, die mir sagen, dass man von Transfetten einen Herzinfarkt bekommt und werde dann in die Statistik aufgenommen, die besagt, dass man von Transfetten einen Herzinfarkt bekommt.

Gut, dass Hilde nicht zu diesen Korrektheitsnazis gehört. Sie hat keinen Hang zum Missionarischen, sie provoziert nur dann und wann ganz gerne. Sie ist zum

Beispiel als Studentin des Öfteren auf Punkpartys gegangen. Daran ist soweit für eine Studentin der Soziologie nichts Ungewöhnliches, aber sie trug dort selbstbedruckte T-Shirts mit Sprüchen wie „Hallo Abschaum! Mein Bausparvertrag ist bald zuteilungsreif!" Auf meinen BWL'er Partys dagegen machte sie mit T-Shirts wie „Totale Marktwirtschaft ist totale Wichse" von sich reden. Undenkbar heute. Nicht die Aussage, sondern die Wortwahl; undenkbar.

15:07 Uhr

Party

Wir befinden uns seit etwa einer Stunde auf einer zwanglosen, festlichen Veranstaltung aus bestimmtem Anlass; einem abendlichen Treffen, also einer Zusammenkunft von Menschen oder Verbänden zu einem bestimmten Zweck. Der Anglizismus hierfür lautet „Party". In den ersten sechzig Minuten haben Hilde und ich zusammen bereits eine Schachtel Zigaretten weggequalmt und mein Schatzilein ist sichtlich besoffen. Das können einerseits Indizien für eine verdammt gute Party sein, andererseits aber auch auf Langeweile und Unbehaglichkeit hinweisen. Diese spezielle Zusammenkunft von Menschen aus bestimmtem Anlass hier ist aber definitiv von Letzterem geprägt. Leute mit Hornbrillen und Rollkragenpullovern versuchen ihre intellektuelle Distanz zum Pöbel zur Schau zu stellen. Fünfundzwanzigjährige „Mein-Papa-ist-reich -aber-das-ist-voll-uncool-vor-allem-weil-ich-davon-

lebe" Hipster mit Wollmützen, großen, weißen Kopfhörern plus Vollbart, von mir auch" Applekonsumsklavenriesenarschlöcher" genannt öden sich schweigend an, denn ein lebhaftes Gespräch würde Interesse an dieser Welt bekunden, was noch viel uncooler als ein reicher Vater ist.

Frauen in Ökotest zertifizierten Klamotten, die es sich aus ästhetischen Gründen nicht leisten können, keinen BH zu tragen, tragen keinen BH.

Andere Frauen tragen einen BH, dafür aber auch zu viel Make-Up und den Geruch eines BWL Studiums mit Schwerpunkt Marketing, nebst dazugehörigem Libidoproblem.

Ein Mann trägt einen in den Neunzigern mal teuer gewesenen Anzug und hat für sein Alter viel zu lange Haare. Alles an ihm schreit „Achtung, ich bin ein freier Künstler und nicht so eine fremdbestimmte Arbeitsdrohne wie ihr es seid." Wie ich aus zuverlässiger Quelle weiß, sitzt er aber nur zu Hause und ist für Selbstmitleid und Lebensmitteleinkäufe zuständig. Na, schönen guten Abend, Fabian.

Hilde steht mir gegenüber und trägt eine Jeans, Turnschuhe und ein recht polarisierendes T-Shirt mit dem Aufdruck „Fickpisse". Sie guckt ein wenig scheel aus der Wäsche und hat Schluckauf.

Zu Hause hatte Hilde mir das T-Shirt, das ich schon aus ihrer Studentenzeit kannte, kichernd unter die Nase gehalten und ich sagte noch, dass das Ding nicht unwitzig sei, aber eben nur für Menschen unter fünfundzwanzig. Sie stimmte mir auch ohne zu zögern zu und zog einen Cardigan oder wie die Dinger auch immer heißen mögen darüber. Den hat sie dann aber auf *der Party analog zum Blutalkohol aufgeknöpft – wegen der Hitze, wie sie bei jedem Knopf betonte. Und jetzt haben wir den Salat. Auf jeden Fall sind wir isoliert. So richtig traut sich niemand, mit uns zu sprechen.*

"Wo issn Heinz?" fragt Hilde.

"Weiß nicht", antworte ich und schaue zum Beweis meiner Hilfsbereitschaft intensiv die Gäste in unserer näheren Umgebung an.

"Wieee alt ist der – HICKS - jetzt noch mal ge – HICKS - worden?"

"Sechsundvierzig – immer noch", antworte ich und atme tief durch. Hilde fragt mich das jetzt schon zum dritten Mal, seit wir auf dieser Party sind und dabei war sie es, die uns unter Hinweis auf den bestimmten Anlass "sechsundvierzigster Geburtstag von Heinz" hierher geschleppt hat.

"Ah, ja", sagt sie gedehnt und will damit wohl andeuten, dass ihr die Information nicht gänzlich fremd ist. "Wo issn seine Fr – HICKS - Frau?"

Ich kneife die Lippen zusammen und sage erst mal nichts.
"N – HICKS - a?" bohrt sie weiter.

"Hilde, die Ruth ist vor zwei Jahren bei einem Bombenattentat in Tel Aviv ums Leben gekommen. Du hast dem Heinz noch geholfen, den Sarg und die Klamotten auszusuchen."

Hilde ist verblüfft und legt gerade wohl was in ihrem Hirn frei. Jedenfalls regt sie sich für ein paar Sekunden nicht. Dann löst sich die Starre.

"Meeeensch... stimmt. Bombenanschlag, Sarg, Klamotten. Ich weiß noch, dass diese Begriffe für mich damals

irgendwie nicht zusammen gepasst haben. Da hat mein Kopf damals gesagt, dass das so in der Kombination doch gar nicht hinhaut. Daran erinnere ich mich. Komisch. Frag mich nicht, wieso."

Ich frage nicht. Ihr Schluckauf scheint aber wenigstens weg zu sein. Ihr Glas ist auch leer. Gut so.

Hilde kratzt sich ausgiebig an der Nase und wirkt nachdenklich.

"Was hatt'n die in Israel zu suchen gehabt, die Ruth?"

"Die war Journalistin, Himmelherrgottnochmal. Du hast doch mit ihr Abi gemacht und warst mit ihr befreundet und nicht ich, kann doch wohl nicht wahr sein, oder willst Du mich vielleicht ein bisschen verarschen?"

"Journalistin?

"Ja"

"In Israel?"

"Ja"

"Boah, das is aber bestimmt gefährlich."

Ich kaue von innen an meiner Unterlippe herum und schließe für ein paar Sekunden die Augen. Als ich sie wieder öffne, hält Hilde ein volles Glas Rotwein in der Hand und schaut irgendeinem Rollkragenfuzzi verträumt auf den Fitnessstudioarsch. Das ist nicht mit den Naturgesetzen in Einklang zu bringen ist, soviel ist sicher. Also die Sache mit dem Rotwein.

"Halt mal." Hilde drückt mir ihr Glas in die Hand und verschwindet Richtung Bad. Na, dann. Bevor ich völlig doof herumstehe, kann ich auch noch doofer nach Zigaretten in

meinem Sakko suchen. Nicht so ganz einfach, bei dem vollen Rotweinglas. Ich ertaste endlich was, Konzentration…

Die laute Stimme hinter mir kommt plötzlich und unerwartet von Heinz. „Mensch Ruth, ich bin ja so froh, Dich wieder zu sehen"

15:17 Uhr

Das ist zwar schon mal ein Ansatz für eine Pointe, aber eben nur ein Ansatz. Aber erst mal gehe ich jetzt Tofu kaufen. Ich bin auch gleich soweit. Augenblick.

Party Zwischenspiel

Das Bad ist besetzt. Hilde und Gastgeber Heinz warten beide.
Heinz: „Schreibst Du noch?"
Hilde: „Na, sicher."
Heinz: „Und was schreibste so im Moment?"
Hilde: „Frauenliteratur."
Heinz: „Was denn genau?"
Hilde: „Kochbücher."
Heinz „Saudummer Witz. Total anachronistisch und frauenfeindlich."
Hilde:"Anna ist chronisch…. Frauen find ich… Sprich doch mal in ganzen Sätzen und lass den Schnaps aus'm Kopp."
Heinz: „Also was schreibst Du?"
Hilde: „Liebesromane."
Heinz: „Im Ernst?"

Hilde: „Nein, meistens in der Küche. Hahahahahaha. Man nennt mich übrigens die Rosamunde Pilcher Deutschlands."

Heinz: „Und warum schreibst Du so einen Eskapismus-Müll?"

Hilde: „Damit ich mir Alkohol kaufen kann."

Heinz: „Wie jetzt?"

Hilde: „Damit ich vergessen kann, was ich schreibe, ein Teufelskreis. Schnallste nicht, was? Dein Hirn hat bestimmt Ähnlichkeit mit Stephan Hawking. Also rein körperlich gesehen."

Heinz: „Du schreibst also nur des Geldes wegen?"

Hilde: „Nein, ich kann es nur nicht ertragen, wenn die Tastatur meines Laptops so makellos neu aussieht. Du Vollpfosten, wofür denn sonst?"

Heinz: „Du Nutte."

Hilde: „Ich weiß. Oh, Baby, das macht mich aber total scharf, wenn Du mich beleidigst."

Heinz: „Wenn ich Nutte zu Dir sage?"

Hilde: „Jaaaaa."

Heinz: „Nutte."

Hilde: „Geiiiiiil."

Heinz: „Nutte."

Hilde: „OhGottohgottohgooooootttt!"

Heinz: „Nutteeeee!"

15:27 Uhr

Diesmal habe ich noch nicht einmal einen Ansatz für eine Pointe. Ich befürchte auch, dass dem Dialog mein nachmittäglicher Alkoholkonsum anzumerken ist. Vielleicht fällt mir aber jetzt etwas für die erste Szene mit der tot geglaubten Ruth ein.

Party II

Die Untote Ruth und meine Schreckhaftigkeit wirken auf mich wie ein Zitteraal in der Hose und sorgen in Millisekunden für ein leeres Glas und ein rotes, nasses Hemd. Natürlich war Ruth nicht die tote Ruth, sondern eine Ruth, die vor ein paar Jahren in der Schule, an der auch Heinz unterrichtet, ihr Referendariat gemacht hat. Sie gucken mich alle mitleidig und leicht angewidert an.

Ruth ist eine sehr attraktive Frau. Eine Wuchtbrumme. Ein Geschoss. Ein schwarzes Loch für Männerherzen und andere Organe. Sie nimmt mich wortlos an die Hand und führt mich in die Küche zur Spüle und beginnt, mein Hemd mit Wasser und Lappen zu bearbeiten. „Sind Sie Künstler?" fragt sie mich scheu lächelnd. Ich winke etwas verlegen ab.

„Nein, nein, ich bin Schriftsteller", lüge ich.

„Schriftsteller sind auch Künstler", haucht sie. „Und Sie sehen auf so erfrischende, unaufdringliche Art unangepasst aus, ohne gleich ihre überlegene Intelligenz heraushängen zu lassen, die das Selbstwertgefühl ihrer Umwelt herunterziehen könnte. Das spricht für ihre Umsicht, Weisheit, Güte, Empathie. Hach, ja, ein Bohemien, der sich seiner Selbst sicher ist, der es nicht nötig hat, die Bourgeoisie geistlos und tumb mit Geschmacklosigkeiten zu schockieren und sich dann auch noch überlegen fühlt."

Sie zieht mich sanft, aber unnachgiebig zu sich heran. Sie flüstert: „Ich würde so gerne mit Ihnen schlafen, aber ich habe Angst, dass Sie, wie soll ich sagen, einfach zu groß für mich sind. Also in jeder Hinsicht. Können Sie mir diese Angst nehmen?" Sie ertrinkt in meinen Augen – und ich offensichtlich in meiner Fantasie.

In Wahrheit ist es nämlich so, dass Ruth eine lupenreine Gesichtsfünf ist. Kleine, runde Knopfaugen hinter einer Nickelbrille, spitze Nase, spitze Lippen, fliehendes Kinn, fliehende Stirn, Schneidezähne etwas zu lang, zu groß, zu weit vorne, dafür kurze stachelige Haare, Beine und Füße. Ob sie starke Krallen hat, entzieht sich meiner Kenntnis, aber alles deutet darauf hin, dass die Frau nach rein zoologischen Kriterien eigentlich ein unterernährter Igel ist. Wenn auch bestimmt ein moderner, der seinen Proteinbedarf mit Tofu zu decken versucht und Insekten weitestgehend verschont. Nein, sie trägt keinen BH. Muss sie auch nicht, denn sie hat keine Brüste.

Hilde erscheint lautlos in meinem Blickfeld; sie ignoriert mein nassrotes Hemd und nimmt nur Bezug auf mein blasses Gesicht. „Was is'n los? Hast'n Gespenst gesehen?"

„Nee, dachte ich auch erst. Ist aber doch nur ein kranker Igel gewesen", antworte ich und deute auf die Stachelfrau.

„Ach richtig, die Ruth. Bio, SoWi und Deutsch." Hilde taxiert den LehrerInnenkörper mit dem geübten Blick eines Pferdehändlers und ein diabolisches Grinsen zeichnet sich auf ihrem Gesicht ab. Sie beugt sich zu mir und flüstert mit vor Schadenfreude bebender Stimme in mein Ohr „Die Zeit ist nicht gut zu ihr gewesen! Mann, sieht die alt aus." Jetzt hüpft

sie kichernd auf und ab und strahlt pure Lebensfreude aus. So was mag sie. Ich teile stumm ihre Freude, streiche über ihr Haar, nicke verständnisvoll lächelnd und beschließe sicherheitshalber heute Nacht nochmals zu überprüfen, ob ihre Füße nicht vielleicht doch Hufe sind.

„Hat angeblich die schnellste Zunge in der Stadt", sinniert Hilde, als ihre Schadenfreude sich wieder halbwegs gelegt hat. Fragender Blick meinerseits. „Nein, nein, hat nichts mit Eloquenz zu tun", fügt sie hinzu. „Verstehste?"

„Oh."

„Ja. Männer sind nicht so ihr Ding. Die soll mal eine Semesterarbeit über die Dauerlutscherindustrie geschrieben haben. ‚Ein von Männern dominierter Wirtschaftszweig, der schon kleine Mädchen mit dem perfiden Süßigkeitentrick zur späteren Bedürfnisbefriedigung kranker Männer abrichtet. Der Dauerlutscher als patriarchalisches Machtsymbol und phallisches Manipulationsinstrument in einer misogyn-maskulinen Unterdrückungsgesellschaft'."

„Im Ernst?" frage ich.

„Ach, Quatsch, natürlich nicht. Blödsinn", antwortet Hilde.

„Was?"

„Alles!"

„Hm", summe ich und blicke eine Weile mit leeren Augen irgendwo zwischen die Partygäste. „Gibt ja auch Leckmuscheln", fällt mir plötzlich ein. „Da habe ich mich auch schon immer irgendwie benutzt gefühlt. Zum Üben gezwungen sozusagen."

„Hat aber nicht viel gebracht", giftet Hilde.

„Du hast halt ne komische Geschmacksrichtung", gifte ich zurück.

Hilde verschluckt sich am Rotwein, der sich seinen Weg nach draußen, unter anderem auch durch die Nase sucht.

Tröstend lege ich ihr eine Hand auf die Schulter. „Du siehst aus wie damals unser Entsafter, als der Deckel abflog. Apropos Entsafter…."

16:43 Uhr

Ich quäle mich mit der Schlusspointe, aber es will und will nichts dabei heraus kommen. Auf der Suche nach ihr wird die Geschichte länger und länger. Das ist nicht gut. Ganz und gar nicht. Eine endlose Aneinanderreihung von mehr oder weniger lustigen Situationen und Wortwitzen macht keine gute Geschichte, sondern fängt bald an zu nerven. Ich gehe mal Tofu kaufen. Vorher schicke ich den ganzen Krempel aber noch zu Uschi und schildere ihr mein Pointenproblem. Im Fall der Fälle wollte sie ja gegensteuern. Dann soll sie mal schön steuern.

16:50 Uhr

Während ich den Tofu in den Einkaufskorb lege, beobachtet mich ein kleines Mädchen. Sie schaut mich angewidert an, schüttelt sich in einer Art Ekelschauer und wendet sich dann schnell von mir ab. Ein Kind mit einer eigenen Meinung. Ein Kind, das seine

Zähnchen ohne schlechtes Gewissen in ein Schnitzel vergräbt. Noch nicht medial ferngesteuert. Brav. Ich schöpfe Hoffnung, dass die Gleichschaltungsmafia vielleicht doch nicht alle erwischen wird.

Mit wehmütigem Lächeln und erfrischtem Glauben an das ewig Neue, an die Kraft der Natur und so letztendlich auch an die Menschheit, die immer wieder zeigt, dass sie sich aus den tiefsten Tälern ihrer Geschichte selbst emporschwingen kann, schlendere ich gut gelaunt zur Kasse, wo mich die Kassiererin dezent darauf hinweist, dass meine Hose offen ist.

16:54 Uhr

Uschi hat mir schon geantwortet:

„So weit so gut. Aber sieh mal zu, dass Du das Ding zu Ende schreibst – mit Schlusspointen bitte. Aneinander gereihte Lustigkeiten ohne echten Handlungsfortschritt werden schnell öde. LG Uschi. PS: Die Grassgeschichte, die Du gestern geschrieben hast, hatte die richtige Länge. PPS: Auch wenn sie die richtige Länge hat, bin ich mir nicht so ganz sicher, ob man sich als Autorenfrischling mit dem Günter Grass anlegen sollte." PPPS: Ich bin mir nicht sicher, ob das mit den Baguettes ins Konzept passt."
Welches Konzept?

16:55 Uhr

Ich setze mich in die Küche, zünde mir eine an und schaue einfach mal an die Wand. Gestern habe ich oben in der Ecke Spinnweben entdeckt – und wieder vergessen. Die sind jetzt weg. Hilde muss also heute Morgen vor der Arbeit noch geputzt haben. Verdammt noch mal, woher nimmt diese Frau nur diese Energie und Disziplin? Und die Geduld mit mir?!

Für heute habe ich keine Lust mehr. Ich war auch sehr produktiv; zumindest quantitativ gab es da schon schlechtere Tage. Gleich kommt Raumschiff Enterprise, also schalte ich die Glotze an. Die Antwort von Uschi lässt mich ein wenig ratlos zurück. Wahrscheinlich will sie mir mehr oder weniger subtil mitteilen, dass ich ihr nicht auf den Zeiger gehen soll. Wenn ich keine Schlusspointe finde, ist das schließlich mein Problem. Sie steuert, aber rudern muss ich schon alleine; das kann sie mir nicht abnehmen.

Ich gehe noch mal an den Rechner, vielleicht habe ich ja irgendetwas überlesen oder missverstanden.

Uschi hat mir noch mal geschrieben: „Tut mir leid, ich hatte gerade die Schilderung Deines Problems bezüglich der Partygeschichte komplett überlesen. Ich kann Dir da aber auch nicht helfen. Ich kann steuern, aber rudern musst Du schon alleine, das kann ich Dir nicht abnehmen. LG Uschi"

Irgendwie macht mir die Uschi ein bisschen Angst.

17:55 Uhr

Noch fünf Minuten, bis Hilde nach Hause kommt. Wenn der Bus pünktlich ist. Ich schaue noch mal in den Kühlschrank und überprüfe, ob ihr Tofu auch wirklich da ist. Da liegt es; bleich wie eine Wasserleiche oder mein Bauch Ende März und wartet auf appetitliches Aussehen und Geschmack. Gut, dass ich so etwas nicht essen muss. Schlecht, dass ich vergessen habe, etwas für mein eigenes Abendessen einzukaufen.

18:05 Uhr

Ziellos renne ich durch den Supermarkt und suche nach etwas Essbaren für mein Abendbrot. Es soll nichts Aufwendiges sein. Wenn Hilde Tofu isst, kann ich mir keine Rindsrouladen mit selbstgemachten Klößen und Apfelrotkohl machen. Auf Tiefkühlpizza habe ich aber auch keine Lust.

    Mein Handy klingelt. Ich nehme ab und halte mir meinen schweren, alten Nokiaknochen von 2004 ans Ohr. Ein Bübchen mit zartem Flaum auf der Oberlippe sagt im Vorbeigehen: „Na, Opa? Hast'e die Telefonzentrale aus'm Führerbunker geklaut?" Mit offenem Mund starre ich ihm nach. Ich würde ihm gerne auch etwas an den Kopf werfen, aber Hilde quatscht mir in meine Spontanitätsbemühungen hinein: „Wenn Du schon mal da bist", sagt sie, ohne dass ich ein Wort von mir gegeben habe, „kannst Du mir auch gleich eine Paprika mitbringen. Bis gleich."

Uschi weiß, was ich denke und Hilde weiß, wo ich bin. Ich verlasse den Laden mit Paprika und Bratwurst. Ich würde mich nicht wundern, wenn Hilde zu Hause schon mal den Senf für mich rausgestellt hat.

22:15 Uhr

Ich arbeite vor dem Fernseher an meinem fünften Bier und Hilde in der Küche an ihrem letzten Kapitel.

Auf DVD schaue ich mir Loriots „Pappa ante Portas" an. Das Koks für alle Humoristen und solche, die es werden wollen. Man will es unbedingt, auch wenn man weiß, dass es einem anschließend nicht gut gehen wird. Die tiefsten Abgründe des Selbstzweifels tun sich da jedes Mal auf. Im Prinzip sind es schon gar kein Selbstzweifel mehr, es ist viel eher die absolute Gewissheit, dass ich ein Humorwurm bin. Ein kleines, schleimiges Nichts, das besser hätte Arzt oder Schreiner oder Müllmann werden sollen und so in seinem kleinen, schäbigen Leben vielleicht doch noch etwas Sinnvolles hätte vollbringen können, anstatt sich größenwahnsinnig in Regionen vorzuwagen, die nicht für ihn bestimmt sind.

Es ist nicht schlimm, sich die eigene Mittelmäßigkeit eingestehen zu müssen. Es ist aber grausam zu erkennen, dass man daran nie etwas wird ändern können. Schweinewelt. Da hilft mir Voltaire auch nicht mehr mit seinem „Das Bessere ist der Feind des Guten." Na, ein bisschen hilft es vielleicht doch. Ich gehe mir mit meinem Gejammer ja schon selbst gehörig auf den Zwirn. Jeden Abend die gleiche Leier. „Ich kann nichts, ich bin nichts und werde nie was sein." Und jeden Morgen plärre ich als allererstes herum, dass ich zu viel geraucht und getrunken habe. Jeden Tag der gleiche Mist.

22:28 Uhr

Auf Zehenspitzen schleiche ich in die Küche und hole die sechste Flasche Bier aus dem Kühlschrank. Wenn ich richtig gezählt habe, ich komme da immer durcheinander. Hilde lässt die Tastatur qualmen. Ich schleiche wieder hinaus, trinke die Flasche so schnell leer, als würde ich dafür bezahlt und schlafe auf dem Sofa ein.

Zwei fette Kinder sitzen mir gegenüber im Bus und singen „Hänsel und Gretel". „Fett" darf man ja heute gar nicht mehr sagen. „Adipös" geht aber. Glaube ich. In mir quillt ein Gedicht passend zur Melodie.

Adi und Posi, die fraßen jeden Dreck
Sie hatten Hunger und träumten von viel Speck
Sie fuhren zu nem Drive-In und sangen fein im Chor

Hör mal Du Schlampe, leg dein Ohr ans Rohr

Cheeseburger, Pommes und lass das Grünzeug weg
Zwei Colafässer und vier Eis Schleck Schleck
Sie kamen an die Kasse und machten andere reich
Adi und Posi sind ganz früh ne Leich.

Überwältigt, der ganzen Wucht und Größe meines Genies so plötzlich, unvermittelt, nackt und schutzlos gegenüber zu stehen, lasse ich meinen Tränen freien Lauf. Ich sehe, wie ich das Lied einem großen Publikum vortrage. Günter Grass, der aussieht wie ein Zirkusdirektor aus dem neunzehnten Jahrhundert, kündigt mich dem schöngeistigen Volke an:
„Willkommen zum Franz-Josef-Strauß Gedächtnis Poetry Slam in Kreuzberg! Hören Sie jetzt den einzigartigen, den unvergleichlichen Fabian!"
Dann der Vortrag.
Am Ende für Sekunden atemlose Stille, nur aus einer einzelnen Kehle ringt sich der gequälte Schrei eines Menschen, der die Schönheit unverhüllt gesehen hat und nicht ertragen kann. Dann beginnt langsam der Applaus. Er schwillt an, wird frenetisch und verebbt erst nach zwei Stunden.
Da legt der Grass noch einen Scheit nach, da heizt die alte Rampensau noch mal an und sagt: „Scheiße, ist der gut, Mann", was weitere zwei Stunden Applaus nach sich zieht. Das ödet mich dann doch an. Ich beschließe, mich für immer aus dieser verlogenen, manipulativen Poeten-Glitzerwelt zurückzuziehen und kündige, vom Schafsherdencharakter des Publikums angewidert, das Ende meiner Karriere an. In der

Nacht werden sich noch einige der weniger charakterstarken Frauen aus dem Publikum deswegen das Leben nehmen. ‚Besser heute zehn als morgen zehntausend', beruhige ich mich, als ich das Malheur am nächsten Morgen in der Zeitung lese. Eva Padberg sitzt mir in einem so sorglos um den Körper geschlungenen Bademantel gegenüber, dass er mehr zeigt als verbirgt und pflichtet mir unheimlich süß lächelnd bei. Ich freue mich, dass sie zufrieden und glücklich ist; hatte sie mich doch diese Nacht endlich mal ganz für sich allein.

Nach dieser ekelhaften Kommerzorgie gestern Abend, muss ich meine Künstlerseele reinigen. Mich drängt es nach harscher Gesellschaftskritik.

> *Draußen vor dem Apple Store*
> *Tolle Mütze, Sneakers schick*
> *Als ich dem Konsum abschwor*
> *Bunte Hose, Brille dick*
> *Die Hipstermeute brüllt im Chor*
> *Ich bin so cool und heiße Rick*
> *Und ich bin out wie nie zuvor!*

„Das ist jetzt aber nicht so rund", raunt Herr Grass stirnrunzelnd und Pfeife paffend in mein Ohr. Er kommt mir dabei so nah, dass er mich mit seinem Seekuhschnurrbart kitzelt. Die Kritik verletzt mich. Subtil. Auf einer dialektischen Ebene. Dialektisch – dieses Wort ist immer gut fürs Image. Heißt nix und alles, macht aber bei Halbintellektuellen immer einen unheimlich schmalen Bildungsfuß. Beginnen Sie einen Satz mit „Also dialektisch

gesehen,..." und die Leute spitzen die Ohren. Auch beim Bäcker. Garantiert.

„Hör mal, Untersturmführer," ranze ich ihn an „Koks mit Arzneikürbis verblenden und durch die Nase ziehen, dann israelkritische Prosa komisch kleinhacken, untereinander kleben und als Lyrik verkaufen kann ich auch! Ganz ohne Nobelpreis!"

Günter hebt den Zeigefinger und deklamiert:

„Kannste klagen, kannste weinen
Ich bin reich und Du bist weich
Du musst wagen, Du musst ragen
Dann kann Dein Konto nicht mehr klagen."

„Geh trommeln!", ranze ich ihn an.

Günter saugt frenetisch an seiner Pfeife. Das scheint ihn jetzt gekränkt zu haben. Er greift hinter sich und hält plötzlich ein Maschinengewehr in der Hand. Er legt an, zielt auf meinen Kopf. Er drückt ab. Es macht: „Fabian!". Nochmal: „Fabian!"

02:16 Uhr

Es ist Hilde, die mich weckt.

Vierter Tag

08:54 Uhr

Ich drücke zum sechsten Mal auf die Schlummertaste meines Weckers. Mir ist etwas übel und leichte Kopfschmerzen habe ich auch. Zu viel Bier, zu viele Zigaretten. Ach, halt doch einfach die Schanauze, Dotheno.

Aufstehen könnte ich natürlich schon; ich habe aber einfach keine Lust dazu. Die von Schmidt melden sich doch sowieso nie, diese arroganten Säcke. Mit Hornbrille und Umhängetasche durch Köln latschen, auf der Stirn klebt ein Zettel „Ich bin Comedyautor, es ist also nicht so ganz einfach, mich ins Bett zu kriegen - strengt Euch gefälligst an Mädels"; das können sie.

Ich kenne Eure Gags, Jungs; die sind schlecht. Aber niemand hält es für nötig, mir wenigstens die Nachricht „derzeit kein Bedarf an neuen Autoren" zu schicken. Wälzen sich stattdessen alle in ihrem eigenen Selbstgefälligkeitssaft und haben viel zu tun, weil sie auf ihr I-Pad, I-Phone, I-Book und I-Mac gleichzeitig starren müssen, um zu erfahren, wann die nächste Version des I-Pad, I-Phone, I-Book und I-Mac für aberwitziges Geld an Arschlöcher wie sie es sind, verscherbelt wird.

Und nebenher wird natürlich noch das ein oder andere Buch geschrieben. Kontakte zu passenden Verlagen haben die doch ohnehin schon alle. Hier ein bisschen schlechte Gags schreiben, da ein bisschen Drehbücher für deutsche Produktionen auf Papier kotzen, einen dicken, fetten Vertrag mit einem dicken, fetten Publikumsverlag abschließen und da ist sie doch schon, die geile Altbauwohnung in der Innenstadt.

Und jedes Wochenende eine andere Wahnsinnsfrau im Bett - die sich anstrengen musste.

Irgendwann wird dann natürlich geheiratet. Aber erst so um die vierzig herum. So etwas hübsches, kluges, gebildetes, liebevolles mit Sinn für Humor und bald ist auch schon das erste Kind unterwegs. Der dritte Roman auch; die ersten beiden sind ja schon prima gelaufen. Das Schreiben für Schmidt läuft nur noch so nebenher, aus alter Verbundenheit sozusagen, ansonsten gibt es schon Wichtigeres zu tun – die Lesereise für Nummer drei läuft schon und der vierte Roman schreibt sich auch nicht von selbst.

Mindestens einmal im Monat wird mit Freunden gekocht und dabei so einiges an Wein konsumiert. Immer sehr gesellig, lustig und auf hohem Niveau diese Abende. Ab Mitte fünfzig kommt immer öfter das Thema „Toskana" auf. Man hat inzwischen eine schöne, alte Villa gefunden, die Stück für Stück selbst renoviert wird, auch wenn der gesamte Sommerurlaub dabei drauf geht. Aber es macht Spaß und man will ja in keiner Ruine wohnen, wenn man mit sechzig in den Ruhestand geht.

Mit den Kindern läuft alles wunderbar. Hier und da ein kleines Schulproblem, Liebeskummer und dann und wann ein Joint zu viel, aber das wächst sich aus. Später kommen sie dann in den Sommerferien und zu

Weihnachten die Eltern in der Toskana mit busgroßen
Geländewagen besuchen und schon bald sitzen
Enkelkinder auf dem Schoß des ehemaligen
Schmidtschreiberlings, wenn er abends vor seiner Villa
in die untergehende Sonne der Toskana blickt und
sich einmal im Jahr fragt, was wohl aus den ganzen
Versagern geworden ist, die sich eingebildet haben, sie
könnten einfach mal so für den Schmidt schreiben
und was die dann wohl beruflich so machen mussten?

Wahrscheinlich in den meisten Fällen irgendein
fader Bürojob, der die Kreativität und Lust am Leben
so langsam eintrocknen ließ, dass die Penner es erst
gemerkt haben als alles zu spät war. Dann wird dem
Schicksalsgünstling ganz kurz etwas schwer ums Herz,
denn die Welt ist ungerecht und hart und er bedankt
sich beim lieben Gott – denn religiös ist er inzwischen
auch geworden – dass er es im Leben so gut getroffen
hat. Meine Augen sind seit einer Minute geöffnet und
mein Hass auf diese Welt kann nicht mehr größer
werden. Das ist neuer Rekord. Im Radio wird „Haus
am See" gespielt. Das kann doch gar nicht wahr sein.

9:00 Uhr

Ich wackle ins Bad, schaue angewidert in den Spiegel
und begrüße mich mit einem „Na, Herr Juhnke,
immer noch am Leben?", bevor ich anfange, meine
Zähne so wild zu putzen, als wollte ich sie verprügeln.
Währenddessen kommen mir gegen meinen Willen die

Partygeschichte und die fehlenden Schlusspointen in den Sinn. Soll ich etwa die Arbeit eines ganzen Tages wegwerfen? Hat etwa ein mittelalterlicher Baumeister, nur weil ihm gerade der Schlussstein für die Kuppel der Kathedrale fehlte, das ganze Ding wieder eingerissen?

Ich versuche, mich zu konzentrieren, aber mehr als „Scheiße, mir fällt nichts ein, mir fällt nichts ein, mir fällt nichts ein", kommt dabei nicht heraus.

Lösungsorientiertes Denken sieht wohl anders aus, aber ich kann meinem Gehirn leider nicht befehlen, sich eine gute Schlusspointen auszudenken, solange es mit der Angst beschäftigt ist, zu viel weniger Nutze zu sein, als ich es von ihm erwarte.

9:10 Uhr

Mit Aspirin, Kaffee, Zigaretten und der völlig aus der Luft gegriffenen Hoffnung, dass ich heute noch irgendwann das Gefühl bekomme, es hätte sich gelohnt aufzustehen, wage ich mich an den PC. Die Knechte aus der Schmidtredaktion haben sich nicht gemeldet. Haben wohl gerade viel zu tun. Die Hälfte der Belegschaft vögelt Praktikantinnen auf dem WC, alle anderen ärgern sich gerade mit italienischen Handwerkern herum. „Das nagelneue Olivenbaumholzparkett", klagt die Autorengattin, „war ja nun wirklich eine Spur zu hell, vor allem in der

Gästetoilette. Mausepuperchen, Du musst unbedingt deswegen noch mal mit Luigi sprechen."

„Ja, Puffelchen, da hast Du recht. Von wegen, ‚das dunkelt nach'. Ja, klar, sicher. Hach, diese Handwerker da unten. Typisch Südländer."

‚Heim ins Reich' mit der Toskana; ihr werdet schon sehen. Dann weht hier ein anderer Wind. Deutsche Verhältnisse mit mehr Sonne und besserem Olivenöl, was will man mehr? Das machen wir ganz geschickt! Da brauchen wir gar nicht einmarschieren, da kaufen wir den Italienern einfach grün-linkshalbintellektuell die Häuser weg! Rubbeldiekatz geht das!

Schweinedreckshackfressen. Freiesautorengesockse. Alles Stricher; Stricher mit vier Meter zwanzig hohen Stuckdecken über ihrem hundertfünfzig Jahre alten Eichenparkett in der Kölner Altstadt und hohem Kondomverbrauch. Ich bring sie alle um, diese Rotzwichsbumsdödelpieparschblödfick… wurz… dings… wrg… arg… pffff…. Ich ersticke noch mal an meinem Hass.

Ich will auch mal. Ich will auch mal etwas richtig machen. Ich will auch mal Glück haben. Ich will ein glückliches Leben leben, aber ich darf es nicht, ich kann es nicht, ich bin zu blöd dafür oder, ach, ich weiß es auch nicht.

Ich glaube, wenn ich etwas weniger Schiss vor dem Tod hätte, müsste sich meine Hoffnung wesentlich mehr anstrengen.

9:12 Uhr

Ich öffne das Word-Dokument mit der Partygeschichte, lese drei Sätze, schließe es sofort wieder und vergrabe meinen Kopf in den Händen. Es ist schlecht! Vielleicht bin ich ja doch genauso talentfrei wie das Schmidtschreibergelumpe. Dann sollte meinem Glück ja nichts mehr im Wege stehen oder täusche ich mich da? Ich antworte mir lieber nicht.

9:14 Uhr

Facebook macht „Bulöpp". Es ist Uschi. „Moin! Noch mal zur Partygeschichte. Wenn Du Schlusspointen willst, musst Du Dir schnell eine einfallen lassen, sonst wird das Ding zu lang und damit schlecht. Darüber sprachen wir ja schon. Ansonsten wäre es die Überlegung wert, ob eine Schlusspointe immer notwendig ist. Manches kann auch als absurde Situationskomik für sich stehen. Ob das dann literarisch, humoristisch elegant wirkt, liegt an der Qualität des Autors."

 Sie besitzt die Frechheit, hinter diese Aussage drei Smileys zu setzen. Ich antworte: „Großartig, Uschi.

Jetzt weiß ich, wofür Deine vielen akademischen Abschlüsse gut sind!"

Ich schicke den Satz nicht ab, sondern lösche ihn und beginne noch mal. „Ohne Schlusspointe ist das irgendwie unbefriedigend", tippe ich.

„Bulöpp."

Uschi kommt mir zuvor und schreibt: „Ach ja… Du solltest bereit sein, auch mal die Arbeit eines Tages in den Müll zu werfen, wenn sich keine Lösung findet. Auch wenn es weh tut. Dem Endprodukt zuliebe, sozusagen."

„Erzähl mir bloß nichts über Schmerzen. Vier Monate lang habe ich…" Auch dieser Satz bleibt ungesendet, denn Uschi ist wieder schneller: „Wer bereit ist, sich nach jedem Tag zu fragen, ob er auf dem richtigen Weg ist, erkennt schneller, wenn er in die falsche Richtung läuft. Oder was glaubst Du, warum es auf Schiffen Navigatoren gibt, die den ganzen lieben Tag nichts anderes machen, als die Position zu bestimmen? Lieber viele Male kleine Schmerzen als am Ende der große Weltuntergang. Das verhindert, dass Du nach vier Monaten alles wegschmeißt und Dich selbst grundsätzlich in Frage stellst."

Die Tante steckt doch mit Hilde unter einer Decke. Jetzt trifft sie auch schon mit den „vier Monaten" genau ins Schwarze, so wie Hilde vor Kurzem.

Setzt sich meine bessere Hälfte nächtens an den PC
und überprüft meine Arbeitsrückschritte?

9:24 Uhr

Google News meldet, dass Stiftung Warentest
fünfzehn Matratzen getestet hat. Das Ergebnis wird
mit der Aussage „Gute Matratzen sind meist etwas
teurer" zusammengefasst. Dass die Erde rund ist,
erwähnen sie nicht. Mir fällt dazu die Pointe: „Das
hätte Euch der Lothar Matthäus auch schon vorher
sagen können" ein, bin mir aber nicht sicher, ob ich
das zu Schmidt schicken soll. Lothar Matthäus Witze
sind – naturgemäß – immer ein wenig flach. In einer
Pfütze kann man nun einmal keine Tiefseekrabben
fangen.

9:34 Uhr

Ich nehme allen Mut zusammen und schaue mir die
Partygeschichte noch einmal an. Die Sätze, die ich
gerade noch so schrecklich fand, sind tatsächlich nicht
besonders gut, aber auch nicht so katastrophal, wie ich
annahm. Glaube ich. In vier Monaten werde ich
schlauer sein. Für eine Schlusspointe muss ich noch
eine Figur einführen. Vielleicht nicht zwingend, aber
es erweitert die Möglichkeiten. Nur mit Hilde und
Fabian wird das nichts. Die lesbische Igelin ist ja
schon eingeführt. Ich werfe sie ins Spiel.

9:55 Uhr

Die Igelin klingt, als seien ihre Stimmbänder durch Hornhautraspel ersetzt worden. Schrill, laut und so unangenehm wie eine Kuchengabel im Ohr. „Hallo Hilllllldeeeeeee", krächzt sie und entblößt die Nagewerkzeuge, die ihr aus dem Oberkiefer wachsen.

Hilde hustet noch. Zuviel Rotwein in der Luftröhre. Ich springe für sie ein. „Hallo Ruhuuuuth", flöte ich und imitiere dabei völlig unabsichtlich die hohe, raue Stimmlage der Igelin. Ich ernte einen Blick wie aus flüssigem Stickstoff. Wenn ich jetzt stolpere, berste ich in tausend Stücke.

Hilde drückt mir wieder ihr Glas in die Hand, macht eine entschuldigende Geste und deutet Richtung Bad. Lass mich jetzt nicht mit der komischen Tante allein, Hilde! Und weg ist sie.

Die Igelin und ich - wir mögen uns nicht. Ich hätte Verständnis dafür, schließlich will ich es ja auch, wenn die Igelin jetzt das Weite suchen wollte. Aber den rudimentärsten, gesellschaftlichen Konventionen können wir uns einfach nicht entziehen. Sie kann jetzt weder schweigend neben mir stehen bleiben, noch einfach so wieder weggehen, egal wie unangenehm die Situation ist. Selbst Kaspar Hauser oder ein Mitglied des FDP Vorstandes wäre so weit sozialisiert, dass er einen erzwungenen Smalltalk für unausweichlich befinden würde. Als Eröffnungssatz fällt mir zwar nur etwas Banales ein, wie: ‚warm hier, oder?' Macht aber auch nichts. Ich komme gar nicht dazu, mich als Konversationsspastiker zu outen, denn die Igelin dreht sich wortlos auf dem Korkabsatz um und lässt mich stehen. Wie einen Beutel Hundescheiße an einer Autobahnraststätte.

Eine stark geschminkte Frau meines Alters tippt mich an. „Sag mal, bist Du nicht der Fabian aus der 9a?" Ich verneine ohne zu zögern. Selbst wenn wir uns tatsächlich aus der 9a kennen würden - an diese Zeit möchte ich nicht erinnert werden. Ich möchte auch nicht, dass sich sonst irgendwer daran erinnert; das waren keine schönen Zeiten, zusammengesetzt aus schlechten Noten, Liebeskummer und Pickeln. Die Frau wirft mir einen irritiert bis verletzt wirkenden Blick zu und verschwindet.

Kaum steht Hilde wieder leidlich sauber neben mir, taucht auch der nihilistische Insektenschreck wieder auf und grient Hilde mit unverhohlenem sexuellen Interesse an. Ich dachte, Frauen gehen da subtiler vor. Also mir ist so etwas auf jeden Fall noch nie passiert.

Die übliche W-Konversation beginnt.[1]

Ich stehe für ein paar Minuten stumm daneben und fühle mich überflüssig. Ich habe noch nicht mal den Eindruck, dass sich Frau Igelin die Mühe macht, mich zu ignorieren. Hilde scheint auch nach einem Ausweg zu suchen, aber vergeblich. Ich sehe, wie sie sich windet.

---

[1] Für Interessierte: Wie geht's Dir denn so? Was machste jetzt eigentlich? Wo seid ihr hingezogen? Was zahlste da warm, wenn ich fragen darf? Warum steht der Schwachkopf da und hört uns zu? Willst Du mich verarschen; mit der Flachpfeife gehst Du ins Bett? Wollt doch wohl keine Kinder, oder?

10:03 Uhr

Ich winde mich auch. Jetzt weiß ich schon wieder nicht weiter. Die Figur der Igelin hat bestimmt noch so einiges an Potenzial; was aber wohl hauptsächlich im Bedienen von Klischees über feministische, ökotestzertifizierte Kampflesben liegen dürfte. Etwas flach, etwas lotharesk das Ganze. Ich würde aber gerne mehr Niveau in die Geschichte bringen. Gags unter der Gürtellinie sind schon viel zu viele drin. Wenn ich so weitermache, werfe ich mir am Ende nicht nur wieder vor, wie ein untalentierter Achtklässler zu schreiben, sondern sogar wie ein notgeiler, untalentierter Achtklässler. Ich versuche es mal mit dem Horst. Dann habe ich vier Personen im Spiel; das sollte ja wohl genügend Spielraum für unschmuddelige Pointen geben.

10:34 Uhr

Fertig. Soeben habe ich den endgültigen Beweis erbracht, dass ich mich seit dem sechzehnten Lebensjahr nicht wesentlich weiterentwickelt habe:

Doch wenn Du denkst, es geht nicht mehr, kommt von irgendwo ein Horsti her. Ich erwähnte ihn bereits. Unser Nachbar aus dem ersten Stock! Der Horst! Von mir auch manchmal liebevoll „Der kleine Rote mit den gelben Augen" genannt. Dass er im Grunde ein cleveres Kerlchen ist, erschließt sich manchen erst nach einiger Zeit – den meisten aber überhaupt nicht. Das ist für Horst mitunter schwer zu ertragen – daher rührt sein Leberschaden.

Er wuchs als jüngster Spross einer ostwestfälischen Familie mit sieben Schwestern und einem Bruder auf. Der Bruder organisiert heute den Christopher Street Day. Ich glaube, in Bielefeld. Horst ist aus mir unerfindlichen Gründen Single geblieben.

„Was is´n das für ne Olle?" fragt er gewohnt bodenständig und meint die Igelin.

„Heißt Ruth. Igel- und Lehrerin. Meines Wissens ein Kulturfolger."

„Ich steh´ auf so rappeldürre, verhärmte. Ist da was zu machen, was meinst Du?"

„Willst Du mich verarschen? Die sieht aus, als würde sie den Winter nicht überleben und ist eine feministische Kampflesbe bis auf´s Schambein. Bei der fordern sogar die Eizellen einen Platz in den Aufsichtsräten der Dax-Unternehmen."

Horst nimmt die Information regungslos auf. Ich schaue in seine kühle, blaue, gelb umrandete Iris und ich weiß, Horst taxiert die Igelin, grübelt und schlussfolgert.

Wenn aber er, der Horst, sein Urteil gefunden hat, erhellt sich seine Miene nicht, kein Lächeln lässt seine Lippen andeutungsschwanger zucken, kein Räuspern kündigt an; lässt schavanen; stört. Sein Gesicht bleibt in krasser Divergenz zur Klarheit seines Urteils undurchdringlich maskenhaft, die Stimme männlich dunkel, rauh - und unheimlich laut:

„Die müsste man mal so richtig durchs Bett quälen!"

„Ist ja gut, Horst. Beruhige Dich."

„*Quälen!*" *(noch lauter)*
„*Horst!*"
„*Bisschen Haue!*" *(für die Bewohner des Nachbarhauses klar und deutlich zu verstehen)*
„*Horst!*"
„*~~Zensiert!~~*"
„*Horst!*"
„*~~Zensiert!~~*"
„*Horst!*"
„*~~Zensiert!~~*"
„*Horst!*"
„*~~Zensiert!~~*"
„*Horst!*"

Horst zündet sich erst mal eine an und nippt seinen doppelten Scotch in einem Zug leer. Dann schweinigelt er weiter.

„*… mit Schmierseife und Gummihandschuhen natürlich*", *sagt er mit leerem Blick und beendet damit endlich seine hoffentlich letzte Sauerei.*

„*Hör jetzt auf, bitte.*"
Horst denkt nicht daran.

„*Ich kannte mal eine, die hat sich einen ganzen Wecker reingeschoben. So einen runden, aus Plastik, siebziger Jahre eben*", *drischt er weiter rücksichtslos auf mein Schamgefühl ein, bevor er die Killerpointe* „*War n aufgewecktes Mädchen!*" *vom Stapel lässt.*

„*Du bist krank, Horst*", *ist alles, was mir dazu einfällt.*

10:41 Uhr

Mir fällt dazu auch nichts mehr ein. Das kann ich unmöglich so lassen. Wenn hier einer krank ist, dann bin ich das. Das Niveau ist von schmuddelig ins Unterirdische gerutscht, die Geschichte unnötig noch länger geworden und ein Schluss ist genau so wenig in Sicht wie vorher. Sie treibt auf einem Zotensee ziellos vor sich hin. Gut gemacht. Toll. Großartig. Angenommen, ich hätte es bisher geschafft, zehn Leser davon zu überzeugen, dass das von ihnen gekaufte Buch nicht völliger Müll ist, so habe ich jetzt damit neun von ihnen vergrault und sie werden das Buch nicht weiterempfehlen. Im Gegenteil; sie werden vernichtende Kritiken bei den Online-Buchhändlern schreiben. Tenor: „Schund". Der Zehnte schreibt keine öffentlich zugängliche Kritik; dafür mir einen persönlichen Drohbrief. Tenor: „Ich weiß, wo Du wohnst und wann Du das Haus verlässt, Du Schwein."

    Das ist nicht gut. Entweder muss ich das wieder streichen oder wenigstens mit etwas grundschultauglichem ergänzen. Mal sehen:

10:56 Uhr

Party Zwischenspiel II

Die stark geschminkte Frau schaut zu mir herüber, tuschelt mit ihrer Freundin und schaut dann wieder zu mir herüber. Ich fühle mich einigermaßen geschmeichelt, kann es aber nicht genießen. Wenn Hilde getrunken hat, wird ihre Eifersucht zu einer öffentlichen Gefahr, die mit konventionellen Waffen nicht mehr in den Griff zu bekommen ist.

In einem Roland Emmerich Film würde ein Wissenschaftler aus der Entwicklungsabteilung für biologische Waffen dazu kopfschüttelnd und mit einer Mischung aus Scham und Mutlosigkeit sagen: ‚Es hätte niemals das Labor verlassen dürfen'.

Ich versuche also mein Möglichstes, die Dame zu ignorieren und die Unterhaltung mit Hilde in Gang zu halten. Das gelingt mir auch ganz gut, bis die Dame plötzlich wütend vor mir steht. „Ohhoohooohooo, ihr tollen Typen, mit eurem perfekten Leben. Tolle Kinder, toller Job, tolles Haus, tolle Frau. Jedes Haar einzeln gestylt. Wieso werden Leute wie ich eigentlich immer von so Leuten wie Dir ignoriert? Als ob wir aus Luft wären. Das geht schon mein ganzes Leben so. Schon auf dem Schulhof. Ich war klein und fett; Hornbrille und Zahnspange und der ganze Scheiß. Niemand wollte mit mir was zu tun haben. Schon gar nicht solche tollen Typen wie Du. Sag mir jetzt sofort, warum das so ist!"

Ich bin verwirrt. Wieso macht die das? Und ausgerechnet mit mir? Ein kleines bisschen gebauchpinselt fühle ich mich natürlich schon – auch wenn sie unmöglich mich meinen kann. Ihre Unterlippe bibbert, ich muss sie trösten.

„Hör mal. Als ich in der Schule war, war ich so dünn, dass mich kein Mädchen für voll genommen hat. Beim Sport wurde ich immer als letzter in die Mannschaft gewählt. Ich hatte Pickel und fettige Haare. Und meine Noten in der Mittelstufe

waren von Latein bis Mathe im dunkelroten Bereich. Wie kommst Du also darauf, dass mein Leben so toll ist, beziehungsweise war?"

Sie schaut mir für einen Moment in die Augen, kneift die Lippen zusammen.

„Dann bist Du also doch der Fabian aus der 9a!"
„Ja, bin ich" gebe ich zu.
„Ach so. Na dann…" sagt sie und geht zurück zu ihrer Freundin. „Siehste", sagt sie laut, „man muss das nur richtig anfangen. Natürlich ist das der Fabian aus der 9a."
„Der dünne picklige?"
„Ja, der dünne picklige mit den fettigen Haaren."
„Igitt!"

11:01 Uhr

Es ist gerade US-Wahlkampf und in Texas wurde den internationalen Wahlbeobachtern verboten, den Wahllokalen näher als 30,5 Meter zu kommen. Weiß der Henker, was diese Bayern Amerikas, diese republikanischen Rednecks da wieder aushecken.

11:03 Uhr

Für Herrn Schmidt:

„Kein Grund zur Aufregung. Der Abstand wurde ganz bewusst gewählt. In Texas gilt es als unsportlich, jemanden auf kürzere Distanz zu erschießen."

Zusammen mit dem Matthäus-Matratzen-Flachwitz geht er raus als Arbeitsprobe. Vielleicht hat diese ja Glück und landet auf dem Schreibtisch des Herrn Schmidt persönlich. Von kundiger Kalligrafenhand auf handgeschöpftes Büttenpapier gebannt, sorgfältig gerollt und mit güldenem Schleifchen drum herum. Auf das der Jupiter unter den Göttern des Stand-up sein kenntnis- aber auch gnadenreiches Auge auf einer ihm würdigen Humorwiese weiden und sein für uns Sterbliche unerträglich gleißend heller Esprit an meinen Ergüssen laben kann.

Ich verursache mir manchmal selbst Kopfschmerzen. Wahrscheinlich endet sie als Klopapier in einer toskanischen Gästetoilette mit zu hellem Olivenbaumparkett. Mit busgroßen Geländewagen nach Italien importiert und mit Hilfe von I-Pad, I-Phone, I-Book und I-Mac avisiert und koordiniert.

11:40 Uhr

Breaking News: Mitschnitt einer Geheimkonferenz zur Fusion des französischen Luxusdesigntechnikproduzenten Pommes mit der Geländewagensparte von Martina Brennts geleaked!

Teilnehmer:
Für die Firma Pommes: Ian McRipoff
Für die Firma Martina Brennts: Sirius van Wahn
Ian McRipoff: „Ist er hier?"
Sirius van Wahn: „Der Prototyp? Selbstverständlich."
Ian McRipoff: „Konnten Sie unser Hauptproblem lösen?"
Sirius van Wahn: „Hahaha, sie werden staunen. Und wie wir es gelöst haben!"
Ian McRipoff: „Ich bin gespannt. Ist es etwa das da hinten in der Ecke?"
Sirius van Wahn: „Ja, noch unter einem Tuch verhüllt, wie es sich gehört."
Ian McRipoff: „Ist er voll einsatzbereit?"
Sirius van Wahn: „Sicher. Man muss ihn nur mit einem Codewort aktivieren. Aber vorher schauen wir ihn uns erst einmal an, was meinen Sie?"
Ian McRipoff: „Bitte."
Ian McRipoff: „Das soll er sein? Ich glaube nicht, dass unsere Designabteilung damit einverstanden ist. Unsere Kunden bevorzugen Vollbart."
Sirius van Wahn: „Unsere aber nicht. Dafür hat er an den Ohren festgenähte Kopfhörer, trägt nur Fair-Trade Klamotten und braucht selbst im Dauerbetrieb nicht mehr als ein bisschen Gemüse und geröstete Heuschrecken. Nun gut - und ab und zu einen Starbucks-Kaffee. Der ist ansonsten ökologisch lupenrein. Sozusagen der Arier unter den Nachhaltigen. Mehr können wir ihrem Kundendesign wirklich nicht entgegenkommen."
Ian McRipoff: „Hat er schon einen Namen?"

Sirius van Wahn: „Nein, wir nennen ihn derzeit einfach Manipulator II. Manipulator II! Achtung! Status!"

Ian McRipoff: „Was? Wo?"

Sirius von Wahn: „Das war das Aktivierungscodewort. Manipulator II, komm mal zu uns."

Ian McRipoff (flüsternd): „Wo wird er eigentlich eingesetzt?"

Sirius van Wahn: (flüsternd): „In Schulen. Als Bio-, Deutsch- und Sozialkundelehrer. Wir denken, dass wir langfristig agieren müssen. Und je jünger die Adressaten, desto besser. Wir haben uns da die Kirchen dieser Welt zum Vorbild genommen. Sind Sie gläubig, Mr. McRipoff?"

Ian McRipoff: „Nein."

Sirius van Wahn: „Aber gläubig erzogen? So mit morgens- mittags- abends beten, in die Kirche gehen und blablabla."

Ian McRipoff:"Oh, ja, das war in den Fünfzigern. Sicher."

Sirius van Wahn: „Und wenn Sie heute Gott mal in einer schlechten Stunde ein dummes Arschloch nennen. Wie geht's Ihnen da?"

Ian McRipoff: „Ich warte auf den Blitz - von jemandem geschleudert, an den ich gar nicht glaube. Ich sehe, worauf Sie hinaus wollen. Nicht schlecht."

Sirius van Wahn: „Beginnen wir mit dem Test. Manipulator II: Warum fahren Sie einen so großen Geländewagen?"

Manipulator II: "Weil ich Individualist bin. Ich bin ein Verfechter der pluralistischen Gesellschaft, denn nur eine solche kann sich als gesund bezeichnen."

Sirius van Wahn: "Wozu brauchen Sie ein so großes Auto?"

Manipulator II: "Meine Frau braucht ein großzügig bemessenes Fahrzeug, damit sie den Kindersitz bequem ein- und ausbauen kann, damit sie auch mal eine Kiste Mineralwasser transportieren kann, damit sie die Freundin unserer Ältesten auch mal mit zum Ballettunterricht mitnehmen kann. Ich nehme Rücksicht auf meine Frau, ich bin ein moderner Mann.

Sirius van Wahn: "Warum haben Sie sich für genau diesen Geländewagen, den I-Van entschieden."

Manipulator II: "Design, Technik, Größe."

Sirius van Wahn: "Und das ist Ihnen 500.000,00 Euro wert? In der Grundausstattung?

Manipulator II: "Wie bereits gesagt: Ich bin Individualist."

Sirius van Wahn: "Und Sie können sich das als Lehrer leisten?"

Manipulator II: "Wir leben in einer freien Gesellschaft. Wofür ich mein Geld ausgebe, geht niemanden etwas an. Schlimm genug, dass der Staat große Autos so hoch besteuert und uns damit bevormunden will. Ich sage meine Schülern immer: Lasst Euch das nicht gefallen!"

Sirius van Wahn: "Was halten Sie von dem Vorwurf, dass die Kunden von Pommes- und Martina Brennts Produkten eigentlich kleine Würstchen sind und deshalb Statussymbole brauchen?"

Stille

Ian McRipoff: „*Schon kaputt? Das machen wir bei uns auch immer so.*"
Sirius van Wahn: „*Nein, ich hab nur nicht daran gedacht, dass das Aktivierungswort auch das Deaktivierungswort ist. Unsere Programmierer sind faul. Oder raffiniert. Ich muss das mal nachprüfen. Manipulator II! Status! Also – warum brauchen sie einen Geländewagen von Martina Brennts, der von Pommes designt wurde?*"

Manipulator II: „*Ich nehme mir die Freiheit, anders als die Masse zu sein.*"

Sirius van Wahn: „*Ich habe aber auch gefragt, ob Sie nicht in Wahrheit ein kleines Würstchen sind und auch eines haben!*"

Manipulator II: „*Eine äußerst klischeehafte Bemerkung. Ich hoffe, dass daraus nicht auf Ihren Intellekt geschlossen werden kann. Mein Penis hat im erigierten Zustand eine Länge von 14,12 cm und einen Umfang von 11,63 cm. Das ist der deutsche Durchschnitt.*

Sirius van Wahn: „*Na, Mr. Ripoff? Wie haben wir das Hauptproblem in den Griff bekommen?*"

Ian McRipoff: „*Ich bin beeindruckt. Darf ich ihm auch mal eine Frage stellen?*"

Sirius van Wahn: „*Sicher!*"

Ian McRipoff: „*Manipulator II – kann ihre Frau eigentlich auf dem Supermarktplatz mit dem Ungetüm einparken?*"

Manipulator II: „*Ich kann es mir leisten. Ich bin ein freier Mensch. Ich liebe meine Frau und nehme Rücksicht auf ihre Bedürfnisse in Bezug auf die Praktikabilität und Sicherheit*

*ihres Fortbewegungsmittels. Mir gibt dieser Wagen ein Gefühl von Freiheit, wie sie heute selten zu finden ist.
Bevormundungsstaat, nein, danke."*

Ian McRipoff: „Ob sie das Ding einparken kann, habe ich gefragt."
Manipulator II: „Ich liebe Design. Ich wäre gerne Designer geworden. Oder irgendwas mit Medien. Der Kraftstoffverbrauch ist im Verhältnis zur Größe des Automobils gering."

Ian McRipoff (schreit): „Ich sage es Ihnen auf den Kopf zu: Ihre Frau kann mit dem Ding nicht einparken und treibt alle, die dahinter stehen und auch parken wollen, in den Wahnsinn, weil sie so lange braucht!"

Elektrisches Brutzeln. Ohrenbetäubende Explosion.

Ian McRipoff: „Rufen Sie mich an, wenn Sie das wirkliche Hauptproblem in den Griff bekommen haben."

Auch wenn mein Hauptproblem eine schwache Pointe ist, schicke es zur Uschi. Soll sie mir doch sagen, mit Hilfe welcher Sprachanabolika diese hühnerbrüstige punchline zu Kräften kommen soll. Für irgendwas muss die doch gut sein, die Frau von und zu Lektorin. „War scheiße" kann schließlich jeder Till Schweiger Fan als Kritik abgeben.

11:56 Uhr

„Bulöpp"

Uschi schreibt: „hm" und ich bin drauf und dran, sie in die Schublade unterhalb der Till Schweiger Fans einzuordnen.

„Bulöpp"

„Hör mal auf, die Applekunden so zu verarschen. Die halbe Welt kauft Apple und hebt den Kassenbon auf, um darauf Liebesbriefe zu schreiben. Die andere Hälfte der Welt kauft große Geländewagen von Mercedes."

„Apple und Mercedes Benz werden in der Geschichte mit keinem Wort erwähnt. Ich möchte dies auf Anraten meines Rechtsbeistandes ausdrücklich betonen."

„Bulöpp"

„Darauf gehe ich noch nicht mal ein."

„Bist Du doch gerade."

„Bulöpp"

„Der Trick ist, immer nur gegen einen kleinen Teil des Stroms zu schwimmen; dafür umso giftiger. Wenn man an allen Menschen nur herummäkelt, verkauft man gar nichts. Grass, Apple, Mercedes – das sind Marken. Millionen lieben sie. Man darf nur ein paar offiziell anerkannt Verpönte heftig verarschen, dann klappt's auch mit der Auflage. Es muss ein gesellschaftlicher Konsens darüber bestehen, dass diese Verpönten zur Verarschung freigegeben sind."

„Also an Politikern, Bankern und Nazis darf ich herummäkeln?" schrei(b)e ich zurück und schalte meinen PC Lautsprecher stumm, denn das ewige „Bulöpp" macht mich wahnsinnig.

„Das funktioniert immer!" stammtischlert Uschi.

„Das geht aber schon in Richtung Mario „Mr. Tiefgang" Barth, Gnädigste", verbittere ich.

„Der Mann hat Kontoauszüge, die sind monetär gesehen schöner als ein Da Vinci", bankert sie.

„Ich bin keine Nutte", todschlagargumentiere ich.

„Wir sind alle Nutten", philosophiert Uschi zurück.

„Wen ich für Geld anpinkle, entscheide immer noch ich", urologisiere ich.

„Wer jeden anpinkelt, kriegt von niemandem Geld fürs Zugucken!" horizontalgewerbeschlaumeiert Uschi.

„Soll ich über Frauen schreiben, die Damenhandtaschen kaufen?" resigniere ich rhetorisch durchsichtig.

„Dein Leben läuft scheiße und die ganze Welt ist schuld daran. Das will keiner hören. Nimm einfach den Zeigefinger runter. Du hörst Dich an wie ein frustrierter alter Sack oder meine alte Religionslehrerin", doziert beleidigend Uschi.

„Ich darf aber schon sagen, dass Politiker, Banker und Nazis schuld sind?" pampe ich schlapp.

„Von mir aus auch noch die Lehrer, aber eben nicht alle auf einmal. Immerhin hast Du es verstanden", unterstellt Uschi.

12:07 Uhr

Ich öffne eine Flasche Bier. Schade, dass es betäubungsmitteltechnisch keinen Sinn macht, gleich fünf auf einmal den Kronkorken vom Hals zu reißen.
„Wie meine alte Religionslehrerin." Das hat gesessen; zumindest wenn Uschis Religionslehrerinnen auch nur einen Hauch Ähnlichkeit mit meinen Religionslehrerinnen hatten. Die waren gegen alles, was nicht aus biologisch angebautem grünen Tee bestand. Also auch gegen mich. Mein Gott, gegen Nazis schreiben. Als ob man dagegen schreiben müsste. Es kommt ja auch keiner mehr auf die Idee, gegen das geozentrische Weltbild zu schreiben. Aber wenn Schlaumeier-Uschi es so haben will. Bitte.

12:46 Uhr

Bus

Es ist grau und nasskalt. Der Bus ist voll. Es stinkt nach feuchtem Mensch. Sitzplätze gibt es keine mehr, also stehe ich schlecht gelaunt im Gang und halte mich an einer VA-Stange fest, bei der ich irgendwie an Petrischalen denken muss. Zum Tanzen habe ich überhaupt keine Lust. Ein Glatzkopf mit aufgedunsenem Gesicht, Bomberjacke und Springerstiefeln steigt zu und rempelt mich an. Na, prima.

"Pass doch auf, Du Neokortex auf zwei Beinen!" rufe ich empört und habe seine Aufmerksamkeit. Er schaut mich aus schmalen, fettumpolsterten Augen an. "Watt hasse gesacht?"

"Dass Du aufpassen sollst, Du Neokortex auf zwei Beinen."

"Pass Du lieber auf, watte sachst."

"Wieso? Hab doch gar nichts Schlimmes gesagt. Nur weil man Synapsen hat, ist man noch lange kein schlechter Mensch."

"Gleich gibbet watt auf die Fresse, Alter."

"Ich glaube, Du unterliegst da einem semantischen Defizit und einer fundamentalen Fehlattribuierung, was meine Person angeht."

"Glaub ich nich!"

"Doch, doch. Aber jetzt mal unter uns: So ein kleiner Serotoninausstoß hin und wieder…, wer macht das nicht? Macht ja auch Spaß."

Der Nazi wird rot und baut sich vor mir auf. "Gleich donnert's, Du alte Drecksau."

"Schon gut, schon gut" beschwichtige ich. Er schaut mich noch mal drohend an und drückt auf den Knopf für die nächste Haltestelle. Der Bus hält und er steigt aus. "Hey, Du!" brülle ich ihm hinterher, als er sich bereits einige Meter vom Bus entfernt hat, und lege etwas Ekel in Stimme und Mimik "Eins ist aber mal klar: Du bist ja sowas von heterosexuell!"

Zähnefletschend rennt er dem Bus hinterher; sabbernd wie eine wütende Bordeauxdogge. Schön.

12:52 Uhr

Toll! Ich verleihe mir jetzt selbst das Bundesverdienstkreuz. Selbstbeweihräucherung. Ich bin schlau, Nazis sind doof. Ich korrigiere: Ich bin gebildet; schlau ist etwas ganz anderes. Da fühle ich mich jetzt aber gut. So geht das nicht. Moment.

12:55 Uhr

Nachtrag zu „Bus"
Eine alte Dame, die ich glaube, von der Fleischtheke meines Supermarktes her zu kennen, schaut mich vorwurfsvoll an. „Warum veräppeln Sie den Jungen? Down-Syndrom und Leukämie sind wohl noch nicht genug, oder was?"

12:56 Uhr

Schon etwas besser.

12:59 Uhr

Uschi schreibt prompt. „Mit dem Wort „Neokortex" können – grob geschätzt – achtzig Prozent der Leser nichts, aber auch gar nichts anfangen. Also wissen sie auch nicht, dass Synapsen, Serotonin und „fundamentale Fehlattribuierung" Begriffe aus der Neurologie, beziehungsweise Psychologie sind. Von daher geht da viel verloren."

Bei mir geht da auch gleich was verloren; und zwar die Geduld: „Dann sollen die ins Lexikon gucken oder bei Wikipedia oder NPD wählen; mir doch egal".

„Alles gar nicht so einfach, was?" tritt Uschi nach. Auch ich trete - und zwar mit einer Art Urschrei gegen ein Bein des Schreibtisches. Ich beschließe spontan, mich für den Rest des Tages biertrinkend selbst zu bestreiken. Auch deshalb, weil ich keine Schuhe anhabe und glaube, dass mein kleiner Zeh gebrochen ist.

13:05 Uhr

Wenn ein so kleiner Knochen schon derartige Schmerzen verursachen kann, möchte ich nicht wissen, wie sich ein gebrochener Oberschenkel anfühlt. Nicht, dass ich es vorher am eigenen Leib hätte erfahren wollen, nur will ich es jetzt wirklich überhaupt nicht mehr wissen.

Ich humple in die Küche, setze mich und lege das Bein, an dem mein kaputter kleiner Zeh hängt, auf den Küchentisch. Er sieht aus, wie ich in zehn Jahren: rot, dick und zum baldigen Ableben verdammt.

Die Uschi nervt mich. Ich muss dringend heute Abend Hilde fragen, ob die bei ihr auch alles niedermacht. Natürlich hat sie Recht, wenn sie sagt, dass die meisten Menschen mit dem Wort Neokortex und den damit verbundenen Begriffen nichts anfangen können. Ein Gag, den man erklären muss, ist nicht gut. Soviel steht fest; denn der Spruch stammt von mir. Mal sehen, was im Fernsehen kommt.

13:08 Uhr

Grauenhaft. Die Abgründe des privaten Fernsehens erschließen sich am besten mittags, das ist unbestreitbar. Ich zappe in der Programmliste drei Mal hoch und runter, gebe auf und öffne Hildes Laptop auf dem Küchentisch. Mir fällt aber auch nichts ein, was ich jetzt unbedingt im Internet machen möchte. Langeweile kommt auf. Ich schreibe Hilde: „Sag mal, ist die Uschi bei Dir auch so pingelig, oder kann die mich einfach nicht leiden?"

13:12 Uhr

Hilde schreibt sofort zurück. „Ob sie Dich leiden kann weiß ich nicht, aber die ist nicht pingelig, sondern professionell. Die weiß, wie man Bücher verkauft. Also stell Dich nicht so dreijährig an und höre auf sie."

Ja, Frau Aufseherin, selbstverständlich, wird sofort erledigt. Himmel noch mal, die beiden könnten glatt Schwestern sein.

Gott, ist mir langweilig. Noch ein Bier aufmachen? Nein, da steht eine fast volle Flasche vor mir auf dem Tisch. Eine rauchen? Ich halte eine brennende Zigarette in der Hand. Vielleicht bin ich auch einfach nur faul. Ist Faulheit eigentlich erblich? Gibt es ein fleißiges Faulheitsgen, das seinen Job stets gewissenhaft ausübt? Wenn ja, kann ich mich wenigstens als Opfer betrachten. Eine Kette von Umständen, die außerhalb meines Einflussbereiches stehen, hat dafür gesorgt, dass ich nicht der Fleißigste bin. Wenn der Zeh sich nicht beruhigt, kann ich sogar das Einkaufen nachher vergessen. Heute habe ich dafür wenigstens eine Ausrede; immerhin. Weil die Uschi mich so aufgeregt hat. Uschi wurde mir von Hilde vorgestellt, weil Uschi Hilde beruflich kennt und ich privat die Hilde und wenn keine von ihnen je geboren worden wäre, könnte ich, konsequent zu Ende gedacht, heute Nachmittag einkaufen gehen. Muss man auch mal von dieser Seite betrachten. Also sind im Grunde deren Eltern, die sich einst im Bett oder wo auch immer ihren animalischen Trieben gedankenlos hingaben, verantwortlich für meinen dicken, roten Zeh. Folgt man der Bibel, landen wir schließlich bei Adam und Eva als Ursache des Übels. Und dann natürlich bei Gott. Klar, dass der da wieder seine Finger im Spiel hat, der Sack. Letztendlich sind wir doch alle umher wirbelnde Teile in einer Ursache-Wirkungswolke. Moment:

13:34 Uhr

Determinismus und Faulheit

„Gehst Du heute noch einkaufen?" fragt mich Hilde. Ich liege auf dem Sofa unter der dicksten und flauschigsten Decke, die wir haben, starre an die Decke und antworte nicht.

„Halloooo", hakt Hilde laut nach.

Ich bin faul. Ich kann sie nur hören, nicht sehen. Aber es fällt mir schwer, meine Augäpfel zu bewegen. An den ganzen Kopf will ich gar nicht erst denken – denn das ist auch anstrengend, das daran denken.

Hilde wird noch lauter „Hey!" Sie pfeift ohrenbetäubend laut auf zwei Fingern.

Ich bewege meine Augäpfel. Jetzt sehe ich sie, weiß aber auch sofort, dass mir damit ein selten dummer Fehler unterlaufen ist. Wenn es nicht noch ressourcenverschlingender wäre, würde ich mir deswegen gleich eine Ohrfeige verpassen. Was für eine Energieverschwendung, die Sache mit meinen Augäpfeln. Welchen Vorteil habe ich denn jetzt bitte schön, wenn ich Hilde sehen kann? Habe ich die Situation nicht von Anfang an nur anhand der akustischen Informationen voll und ganz erfasst? Ich lasse die Augen sofort in die Ausgangsposition zurückschnellen. Das tut gut.

Hilde ist bestimmt auf dem Weg zur Arbeit. Sie hat Spätschicht heute. Die Lichtverhältnisse im Wohnzimmer sprechen auf jeden Fall für den späten Nachmittag. Sie wird von mir eine Antwort erwarten. Es stellt sich nur die Frage, in welchem Fall ich mir mehr Ärger einhandle. Wenn ich antworte oder wenn ich schweige. ‚Diese Frage ist mit dem derzeit verfügbaren Datenbestand auf meiner Festplatte und der momentanen Rechenleistung nicht abschließend zu beantworten' meldet gerade mein Hirn, da steht Hilde schon neben der Couch und schaut mich bedrohlich von oben an. Körperliche Unversehrtheit ist ein hohes Gut, also beschließe ich, doch lieber zu antworten. Unter größter Anstrengung presse ich langsam und leise hervor: „Wie soll ich armer Wurm das wissen, Hilde? Wir leben in einem deterministischen Universum, alles ist vorherbestimmt, eins ergibt das andere, freier Wille ist eine Illusion. Diese Illusion wird durch die ungreifbare Komplexität alles interagierenden Seienden verursacht und keiner, der bei Verstand ist, wird das je leugnen können. Also wird passieren, was passieren wird. Entweder gehe ich einkaufen oder ich gehe nicht einkaufen." Ich bin sehr erschöpft von meiner Rede, aber ich belehre sie gerne, denn ich liebe sie.

Hilde sieht mich etwas unterkühlt weiter von oben herab an. „Ok, mein Purzelchen. Wenn das Schicksal es so will, Dich in den Supermarkt zu führen, bring mir bitte Blockschokolade mit."

Und ich spreche zu der Hilde:

„Es gibt kein Schicksal in einem deterministischen Universum. 1 +2 = 3. Die 3 ist kein Schicksal, sondern ein unausweichliches Ergebnis. Wir erleben die 3 nur als Schicksal, wenn sie uns überrascht, uns also die 1 oder die 2 oder beide nicht bekannt waren. Also kann man Schicksal möglicherweise als mangelhafte Kenntnis der Ursachen definieren."

Dass die Menschen Gott erfunden haben, basiert also auf Schicksal. So was aber auch.

Und die Hilde erwidert: „Ich bin die 1 und ich bin die 2. Du sollst neben mir keine anderen Konstanten haben. Ehre mich mit Blockschokolade oder ich reiße Dir den Arsch bis zum Stehkragen auf, denn Ich, die Hilde, bin Dein Gott."

Ich schließe die Augen zum Zeichen des Verstehens und sage: „Amen."

Kräftezehrend.

13:39 Uhr

Ich brauche ein neues Bier. Wenn ich aber mein Bein vom Küchentisch nehme und das Blut in den kleinen Zeh fließt, wird das weh tun. Doch habe ich eine Wahl? Nein! Vorsichtig stehe ich auf und humple langsam zum Kühlschrank.

Es ist nicht so schmerzhaft wie befürchtet. ‚Schau einer an, ich darf auch mal Glück haben', sage ich mir und öffne die Kühlschranktür. Etwas wackelt und fällt aus ihr heraus. Es ist das gute alte Maggifläschchen.

Aber diesmal bleibt mein Hemd sauber, auch meinen kleinen Zeh hat es verfehlt, es liegt einfach nur vor mir auf dem Linoleumboden. Schon wieder Glück! Das gibt es doch gar nicht.

Ich bücke mich, ergreife das Fläschchen, die Kühlschranktür schwingt etwas zurück, ich stehe jung-dynamisch wieder auf und schlage mir mit so ungeheurer Wucht die Unterkante der Tür auf den Hinterkopf, dass ich zum ersten Mal in meinem Leben weiß, was es bedeutet Sternchen zu sehen. Sehr hübsch eigentlich. Auch farblich. Wirklich ein bisschen wie ein Feuerwerk. Ich bin positiv überrascht. Da gebe ich gerne fünfmillionen von fünfmillionen möglichen Sternchen. Thumbs up. Eine Weiterempfehlungsquote von sagenhaften hundert Prozent, meine sehr verehrten Damen und Herren. Haribo vor Horrido und jetzt wird's dunkel. Stockdunkel. Tiefste Schwärze. Doch

plötzlich blenden mich Scheinwerfer. Ich stehe auf einer Bühne am Rednerpult: „Ich möchte meinen Eltern, meinen Geschwistern und ganz besonders meinen Lehrern danken. Ohne deren unermüdlichen Bemühungen um meine ständige und abwechslungsreiche Demütigung, hätte ich diesen Preis nie erhalten. Darum lassen Sie mich feststellen, liebe Kolleginnen und Kollegen, meine sehr verehrten Damen und Herren: Es gibt für das nächste Umfeld zukünftiger Literaten nichts Wichtigeres, als dem Kind mit Worten und Gürtelschnallen immer wieder klar zu machen, dass es dumm, faul und wertlos ist. Nur so ist es möglich, in ihm das nötige Maß an Unglück und Leidensdruck zu erzeugen, das später den wahren Schriftsteller von den Myriaden zeilenschindender Schmierfinken, diesem überflüssigen, ja schädlichen Eskapismusgesockse abhebt; ihm wahre Größe verleiht. Ich wollte, ich hätte etwas von der Weitsicht meiner Förderer. Doch mir fehlen das Urteilsvermögen und die notwendige Härte, einen Menschen groß zu machen. Ja, ich bin ein Wurm, aber ich bin ein schreibender Wurm."

Günter Grass steht neben mir auf der Bühne und weint ein wenig über mein Schicksal. Traurig suckelt er mit hängenden Augenbrauen, Mundwinkeln und Schultern im blassgrünen Cordsakko an seiner Pfeife. Als ich ende, applaudiert er scheu mit tapferem Lächeln. Ich sehe Wehmut, aber auch Loslassen. Ich nehme ihn freundschaftlich in den Arm und er raunt mir zu: „Und am Ende bleibt doch nur das Brausepulver? Bist Du sicher?"

Ich recke meine Trophäe in die Höhe – es ist ein goldenes Maggifläschchen – und verlasse die Bühne unter nicht enden wollendem Applaus. Ich muss schnell los, denn ich habe einen Termin mit meiner Immobilienmaklerin in Manhattan und der Flieger wartet selbst auf Persönlichkeiten wie mich nicht – glaube ich.

A 380 – First Class, Frankfurt/New York/New York City/JFK

Die Stewardessen geben alles. Sie haben es auf mich abgesehen. Intellekt, Ruhm, blendendes Aussehen in Verbindung mit Fässern voller Geld – das zieht. Dabei bin ich noch lange bin ich nicht auf dem Gipfel meiner Karriere angelangt, dünkt mir. Aber was mich großhirnrindig höchstens dünkt, hat der weibliche Flugbegleiterinneninstinkt längst ohne viel Gewese zur Gewissheit und mich damit zum primären Balzobjekt werden lassen. Einige der mitreisenden Platzgeldhirsche reagieren darauf empfindlich. Als sich eine der Luftschönheiten bückt, um eine zu Boden gefallene Languste aufzuheben und mir bei der Gelegenheit ihr vor Fruchtbarkeit strotzendes Becken von hinten präsentiert, moppelt sie ein keuchender IT Fettfuzzi namens Ian McRipoff von dreieinhalb Meter weiter rechts vorne rotzfrech an: „Ich kann Dein Maggiefläschchen riechen", sagt er sabbernd.

Ich reagiere darauf konsterniert, aber auch meiner gesellschaftlichen Position angemessen distinguiert beschwichtigend mit „ich selbst vermag das nicht". Die Saftschubse lächelt mich mit Östrogen geschwängerten Rehaugen dankbar an, zawinkert mir zu und bedeutet mir mit einer kaum wahrnehmbaren Geste, ihr zu folgen. Moment, Baby, ich habe hier noch eine kleine Rechnung, die ich für Dich bezahlen möchte, dann bin ich rubbeldiekatz in dir.

Als sie außer Hörweite ist, pirsche ich mich an die fette IT-Qualle heran und flüstere ihm feucht ins Ohr. „Du kannst nicht einparken und Deine Frau hat einen kleinen Schwanz."

Er schaut keineswegs überrascht, nickt nur kurz zustimmend und übergibt sich dann stumpf mitten in mein Gesicht. Einen gewissen Überraschungseffekt kann ich dem Mann einfach nicht absprechen. Jetzt er würgt mich, während er weiter in mein Gesicht kotzt. Ist bestimmt nicht so einfach, beides auf einmal hinzubekommen und ich kann nicht umhin, ihm auch dafür eine gewisse Achtung zu zollen. Aber wehren sollte ich mich doch wohl, denn mich beschleicht der Verdacht, dass ich gleich den Löffel abgebe.

Ich kann mich befreien, indem ich dem Typen Windows Vista auf die Festplatte lade. Sein Gesicht wird auf der Stelle royalblau, er erstarrt, stammelt ‚fatal system error' und explodiert.

Blind taumle ich ins Bad,

was wirklich erstaunlich ist, denn ich habe keine Ahnung, wo in einem A 380 die Toiletten sind. Schon gar nicht in der First Class. Ich werde übrigens eine Eingabe bei allen Airlines machen, dass in der First Class das Musikangebot nur noch auf Haydn beschränkt wird.

Diese wunderbaren Fanfaren, diese royalen Bläsersätze; dass passt. Ich darf das nicht vergessen. Es ist elementar für die Zukunft des kultivierten Reisens. Wo kämen wir schließlich hin, wenn unsere Geld- und Kunstelite während eines Fluges mit Silbermond berieselt wird? Dann steigen die am Zielflughafen aus und sind zu nichts anderem mehr in der Lage, als sich gegenseitig den Hintern zu beschnuppern.

Röhrend wie ein Zwölfender in der Brunft hänge ich über der Kloschüssel. Mein Kopf fühlt sich an, als hätte jemand einen Fahrradschlauch implantiert, der von einem achtjährigen Jungen auf Traubenzucker mit schwerstem ADHS manisch und unaufhaltsam aufgepumpt wird.

Zu meiner Überraschung steht Hilde plötzlich im Türrahmen und fummelt schamlos mit Dr. McDreamy aus Grey's Anatomy. Beide tragen weiße Kittel und Stethoskope. Der Haarpflegemittelserienverkaufsständer hat doch allen Ernstes seine Griffel unter dem Rock meiner Freundin und lässt sie dort Polka oder ähnliches tanzen. Ein langsamer Walzer ist das auf jeden Fall nicht.

Nach viel Flüstern und Kichern tröstet mich Hilde, dass sich meine Pupillenreflexe in einer Topfverfassung befinden und diagnostiziert, dass ich nur eine Gehirnerschütterung, aber keine Gehirnblutung hätte. „Eine Gehirnblutung wäre ja auch erschütternd", kalauert sie krankenschwesterlich mitfühlend und die beiden lachen sich schlapp.

Ich spiele kurz mit dem Gedanken, selbst eine hervorzurufen, damit Hilde mich zur Strafe den Rest meines Lebens füttern, baden und weiß der Pfleger was muss. Ich verschiebe aber das Vorhaben, denn mir ist einfach zu schlecht für alles und außerdem fällt mir selbst in meiner jetzigen Verfassung auf, dass es dem Plan an Raffinesse fehlt. Dann ist die Hilde plötzlich weg. Meine mich möglicherweise liebende Freundin. Einfach weg. Wahrscheinlich mit Dr. McDreamy im Keller auf der Waschmaschine, das Stück! Doch ich bin nicht allein: Uschi hat sie abgelöst und erscheint auf dem Grunde der Kloschüssel. Es würde mich mal interessieren, woher ich weiß, wie die aussieht. Ein Foto von ihr konnte ich im Internet nicht finden. Überhaupt nichts konnte ich über sie im Internet finden. Ziemlich ungewöhnlich heutzutage.

„Alles gar nicht so einfach, was?" fragt sie und macht ein Gesicht, als würde sie sich nicht wohl fühlen. Für diesen Spruch würde ich ihr gerne noch einmal so richtig einen Schwall abgeben, aber so sehr sich mein Magen auch zusammenknüllt, es ist nichts mehr zu machen; da kommt nichts mehr raus. Uschi schaut mich unzufrieden an.

„Na, entschuldige bitte, dass ich nicht besser kotzen kann, Du verzogene Göre, Du schwarzes Humorloch."

Mir war noch nie in meinem Leben so schlecht. Der Tod als Ausweg scheint mir ein durchaus erwägenswerter, wenn nicht gar verlockender Weg zu sein. Ich rufe sogar den, der in meiner Welt nicht genannt werden darf: „Gott, wenn Du mich jetzt abkratzen lässt, will ich auch nie wieder Arschloch zu Dir sagen."

Ich warte, aber er geht auf den Deal nicht ein. Scheint sich auszukennen, was Verhandlungen angeht. War bestimmt jahrelang Gebrauchtlebenverkäufer; vielleicht in Paderborn, da macht ihm keiner mehr was vor. Ich könnte mir gut vorstellen, dass er mir damals auch mein Leben verkauft hat. „Ach, Fabian, Du bist doch eher der sportliche Typ. Frau, Kinder, regelmäßiges Einkommen; das passt einfach nicht zu Dir. Du bist der unkonventionelle, dynamische Lebensfahrer. Natürlich kommt damit nicht jeder klar, so viel ist sicher. So ein Leben verlangt einen aktiven Fahrstil. Aber Du musst wissen: Ich verkaufe grundsätzlich nichts, was nicht zu meinen Kunden passt. Und ich habe dafür ein Auge. Schließlich mache ich das schon zweihunderttausend Jahre."

„Vierhunderttausend Jahre", verbessere ich ihn. „Die haben da vor Kurzem so Skelettfragmente gefunden."

„Keine Ahnung, kann sein, meine Uhr ist schon vor ein paar Millionen Jahre stehen geblieben. Aber vertrau mir, dieses Leben hier ist wie für Dich gemacht."

Wenn das wirklich so gelaufen ist, wette ich, dass das Leben der große Ladenhüter war und ich der Depp, auf den Gott jahrelang gewartet hat.

So langsam wird mir kalt auf dem Badezimmerboden. Und mein Gesicht fühlt sich an, als wäre es mit einer Kruste überzogen. Ich möchte mal wissen, was das sein könnte. Nein, ich will es nicht wissen. Ich zittere mehr und mehr vor Kälte, aber das pulsierende Hämmern in meinem Gehirn warnt mich davor aufzustehen.

„Andererseits", denke ich mir „schlimmer kann es eigentlich nicht werden" und stehe vorsichtig auf.

Das mit dem Denken sollte ich vielleicht einfach grundsätzlich einstellen. Ich fühle mich wie eine einzige, riesige Ader auf zwei wackligen Beinen. Alles dreht sich und pulsiert. Gebückt schwanke ich zum Waschbecken, denn ich traue mir nicht zu, mich ganz aufzurichten, mache mein Gesicht sauber, bis ich nichts Krustiges mehr fühle, wickle mir ein Handtuch um den Kopf und gehe ins Bett. Ich schlafe sofort ein.

18:00 Uhr

Ich wache auf und fühle mich blendend. Keine Kopfschmerzen, keine Übelkeit, kein gar nichts. Nur eine Beule bezeugt, dass mir heute ein kleines Missgeschick passiert ist. Die ist aber recht klein. Ein unternehmungslustiger Fünfjähriger würde auf jeden Fall darüber lachen und weiter Verstecken spielen wollen. Dabei war ich mir sicher, dass ich eine Hirnblutung oder mindestens eine

Gehirnerschütterung mit einer Mordsplatzwunde davon getragen habe. Mit einer Mischung aus Hoffnung und Furcht, auf jede Sauerei vorbereitet, schleiche ich in die Küche; da ist aber auch nichts Großartiges zu sehen; außer Erbrochenem, das ich wegwische und einer offenen Kühlschranktür, die ich schließe. ‚Das glaubt die Hilde mir nie!'"

18:02 Uhr

Ich höre, wie sich das Schloss in der Wohnungstür dreht. Hilde ruft ihr Zwei-Minuten-Busverspätungs-Hallo aus dem Flur heraus in die Küche. Ich versuche, mein ‚Hallo' wieder einmal unverfänglich klingen zu lassen. Ein ebenso hoffnungsloses Unterfangen wie mein jämmerlicher Versuch, blöde mitten in der Küche zu stehen und so zu tun, als sei ich gerade nicht überfordert. Wenn ich jetzt den Schwerverletzten spiele, wird sie meine Beule befühlen, ‚Aha' sagen und ‚Waschlappen' meinen. Wenn ich hingegen alles verschweige, wird sie zu Recht nachfragen, warum ich mich bei der Uschi nicht mehr gemeldet habe - ich bin sicher, dass die sich gegenseitig in Bezug auf mich auf dem Laufenden halten - und was es denn heute Abend Leckeres zu essen gibt.

Aber von meinem extra-neutralen ‚Hallo' vorgewarnt und meinen linkischen Stehversuchen in der Küche vollends überzeugt, dass etwas Grauenhaftes geschehen ist, nimmt Hilde mir die

Entscheidung meiner dramaturgischen Zwickmühle ab und fragt trocken: „Wen hast Du umgebracht?"

18:12 Uhr

Ich erzähle Hilde alles wahrheitsgetreu, ohne jedes Pathos, ohne jede Über- oder Untertreibung.
 Sie hört mir aufmerksam zu, befühlt meine Beule und sagt trotzdem „Aha". Dann schaut sie mich tiefgekühlt an und macht sich auf den Weg zum Supermarkt, zwecks käuflichen Erwerbs zwei ebensolcher Pizzas. Da soll ich Jammerlappen noch mal behaupten, in meinem Leben liefe nichts, aber auch gar nichts erwartungsgemäß. Auch ich finde meine körperliche Verfassung ja gerade zu widerwärtig gut; sogar Hunger habe ich.

Bestimmt auch wieder so eine Gemeinheit von dem schmierigen Gebrauchtlebenverkäufer da oben. Lässt ja keine Gelegenheit aus, den Fabian schön doof da stehen zu lassen. „Jesus liebt Dich." Mag sein; keine Ahnung, davon habe ich noch nichts mitbekommen. Aber sein Alter hat echt ein Problem mit mir. Was auf Gegenseitigkeit beruht. Komischer Kauz. Steht auf schon verlobte Frauen, die noch Jungfrau sind. Kein Wunder, dass es in seinem Sexualleben nicht ganz rund läuft und er sich kompensierend immer neue, fiese Sachen ausdenkt. Da braucht man nur die Bibel lesen, um zu wissen, dass der ganz dringend auf die Couch muss:

Heuschreckenplagen, Sintflut und der lässt sogar allen Ernstes Leute zur Salzsäule erstarren. Von Dürrekatastrophen kriegt er bis heute nicht genug.

Und in der Johannes Offenbarung kündigt er seine zukünftigen Gräueltaten sogar öffentlich an: „Wer nicht nach meiner Pfeife tanzt, dem gnade besser ich."

Eine tolle Familie: Vater Massenmörder ohne Reue und weiteren Plänen (multiple Persönlichkeitsstörung, Rachefantasien, kein Schuldbewusstsein, nicht resozialisierbar, Sicherungsverwahrung dringend angeraten), die paranoid-schizophrene Mutter (optische und akustische Halluzinationen mit (erstaunlich) gravierend somatischen Auswirkungen/religiöse Wahnvorstellungen), äußerst pingelig in der Wahl ihrer Sexualpartner, aber dennoch von zweifelhaftem Ruf und der Sohn ein verurteilter Straftäter aus der linken Szene, der bis zu seiner Hinrichtung im zarten Alter von dreiunddreißig Jahren mit einer Horde Männer mit unsicherer sexueller Orientierung durch die Lande zog.

Als Rechtsanwalt im Rotlichtmilieu soll er sich zwischendurch auch mal versucht haben.

Also psychologisch-soziologisch gesehen, der reinste Krisenherd da oben. Da soll noch einer sagen, dass die Christdemokraten konservativ drauf sind. Würde ja eher gut zum fundamentalen Flügel der Linken passen, eine solche Familie zum Grundstein ihrer Politik zu erklären.

18:15 Uhr

So richtig gut geht es mir vielleicht doch noch nicht.
Ganz schön wirr, was mein möglicherweise doch
lädiertes Hirn da so ausspuckt. Ich schlafe am
Küchentisch ein.

18:45 Uhr

*Harald Schmidt weckt mich und sagt, dass die Fizza pertig ist.
Ich antworte „schanke dön, aber wieso meldest Du
Gebrauchtlebenverkäuferscherge Dich eigentlich nicht bei mir?"*
Hilde fährt mich dann doch ins Krankenhaus.

20:56 Uhr

„Das MRT zeigt ein kleines arterielles
Epiduralhämatom. Da müssen wir ran. Ansonsten
alles normal", sagt der Arzt und Hilde sieht ihn
ausgerechnet bei den letzten drei Worten zweifelnd an.
 „Was ist ein Epihämoridialkarzibums, Onkel
Doktor?" frage ich.
 „Eine Hirnblutung, Herr Dotheno."
 Der Arzt sieht aus wie der Christian Lindner von
der FDP. In meinem hinten offenen OP-Hemd trete
ich näher an ihn heran und beschnuppere ihn. Ich will
sicher gehen, dass es auch wirklich der Lindner ist.
Kein Zweifel, er ist es.

„Er muss sofort in den OP", meint er dann zu Hilde und scheint auf meine Einschätzung wenig bis gar keinen Wert zu legen. Typisch – bei der FDP hat der Pöbel ja nie was zu moppeln.

„Wie viel verdienst Du denn so, wenn Du mir die Birne aufbohrst, Christian?", frage ich ihn, „solltest Du nicht lieber mit den anderen Jungs von der Partei Sackhüpfen spielen?"

Christian tritt einen Schritt zurück und lächelt etwas schief. Ich sehe, dass er unsicher ist. Ich habe ihn enttarnt!

„Und wahrlich, ich sage Euch", spreche ich mit großer Milde in der Stimme, „es ist die oberste Pflicht der Partei, der Wirtschaft und den Ärzten zu helfen, dem Volk besser das Fell über die Ohren ziehen zu können."

Für einen Moment verharre ich meditierend und zwei weitere FDP'ler in weißen Kitteln betreten den Raum. Ich steige auf einen Behandlungstisch, breite die Arme aus und verkünde:

„Selig sind, die da geistlich arm sind, denn ihrer ist das FDP Parteibuch.

Selig sind, die da auf Weizen spekulieren und verlieren, denn sie sollen getröstet werden.

Selig ist die Energiewirtschaft, denn sie wird das Erdreich besitzen.

Selig sind, die da hungern und dürsten nach Luxusyachten, denn sie sollen satt werden.

Selig sind die Unbarmherzigen, denn sie werden Rüstungsexporterleichterungen erlangen.

Selig sind, die keine Steuern zahlen, denn sie werden Genscher schauen.

Selig sind die Mineralölkonzerne, denn sie werden Christians Kinder heißen.

Selig sind, die um ihrer Raffgier wegen verfolgt werden, denn ihrer ist der Parteivorstand."

Hilde weint vor Glück. Das rührt mich und ich schenke ihr ein salbungsvolles Lächeln; das gute Kind. Die beiden neu hinzugekommenen FDP'ler helfen mir vom Berg herunter und nehmen mich fest in den Arm. Ich bewundere ihre Kraft und spare nicht an Lob, während sie mich in den OP schleifen. Ein Autogramm wollen sie nicht haben.

Fünfter Tag

03:21 Uhr

Ein Arzt beugt sich über mich und fummelt an mir herum. „Sie befinden sich auf der Intensivstation, Herr Dotheno. Die OP ist gut verlaufen. Wie fühlen Sie sich?"

Ich taste nach seinem Kittel und ziehe ihn soweit ich es kann zu mir herunter. „Wenn Sie mir noch einmal in den Kopf bohren, gibt's mächtig was auf die Fresse, klar? Dann ist aber Schluss mit dem lieben Fabian. Fratzengeballer, Backentennis, comprende?"

„Ich steh' auch lieber am anderen Ende des Bohrers."

„Cooler Spruch."

„Standardwitz. Wenn Sie den kapieren, heißt das, dass ich den Pastor nicht wecken muss."

„Danke."

„Bitte."

04:26 Uhr

Der Typ ist schon wieder da. „Wissen Sie, wo Sie sind?"

„Am Arsch bin ich."

Er scheint damit zufrieden zu sein.

05:28 Uhr

Er leuchtet mir in die Augen. „Hätten Sie was dagegen, wenn ich die Hilde auf der nächsten Weihnachtsfeier mal so richtig…?"
„Übertreib's nicht, Bubi!"

05:47 Uhr

Hilde steht an meinem Bett. Ich weiß, dass ihr Dienst um 6:30 Uhr beginnt. Um jetzt hier sein zu können, muss sie also den Frühbus um 5:15 Uhr genommen haben. Lieb.
  „Lieb", sage ich also zu ihr.
  „Kein Ding, ich habe mich im Schwesternzimmer auf's Ohr gehauen", entzaubert sie etwas. Aber sie tut es händchenstreichelnd und lächelt traurig.
  „Auch lieb", sage ich.
  „Ja", sagt sie und dann höre ich eine ganze Weile erst mal nichts von ihr.
  „Siehst aus wie ein kranker Dackel", sagt sie dann doch noch leise.
  „Lieber Dackel?", frage ich.
  „Ja, ganz lieber Dackel", antwortet sie und ich höre zum ersten Mal nach so vielen Jahren, dass ihre Stimme bricht.
  „Nicht traurig sein, Purzel. Bitte."
  „Nein", sagt sie zittrig und gibt mir einen salzigen Kuss. Dann geht sie schnell aus dem Zimmer.

Das tut mir leid, das wollte ich nicht, dass meine Purzelmaus so traurig ist. Nicht wegen mir, bitte. Das ist nicht fair, dass meine liebe Purzelmaus so weinen muss.

05:48 Uhr

Das Produzententeam von Grey's Anatomy steht vor meinem Bett und zwingt mich mit vorgehaltener Waffe, einen Dreimillionenvertrag als Autor zu unterschreiben. Ich wäre ein Jahrhunderttalent für tränenreiche Schmalzgeschichten, behaupten sie. Ein Werbevertrag mit der Papiertaschentuchindustrie läge ebenfalls schon bereit zur Unterschrift.

    Harald Schmidt kommt herbeigeeilt und will diskutieren, kriegt aber von den Hollywoodsoldaten ohne Vorwarnung sofort eine Kugel zwischen die Augen geschossen. Mit letzter Kraft kann er mir noch sagen, dass heute Freitag ist und nicht aufgezeichnet wird. Es sei also schon in Ordnung, dass ich heute keine Gags schicken kann. Dann tritt er röchelnd ab.

6:04 Uhr

Mit zwei Ärzten und zwei Pflegern und nach viel Gezerre, Gepiekse, Schläuchen und Nadeln geht es jetzt wieder besser. Einer der Ärzte erklärt mir, dass es nach solchen Blutungen zu Spasmen der Hirngefäße kommen kann; das sei ganz normal und in meinem Fall vergleichsweise harmlos.
Hilde ist noch gar nicht hier gewesen, erfahre ich.

06:30 Uhr

Eine kleine, dralle Krankenschwester mit zweifellos behandlungsbedürftiger Lebenslustüberfunktion stellt mir mit unzerstörbarem Lächeln eine Tasse Kaffee ans Bett und hopst wieder aus dem Zimmer.

Es ist die schlimmste Plörre, die ich je getrunken habe. Entkoffeiniert, dünn, kalt und seelenlos. Genau wie meine Ex-Freundin Birgit damals. Versicherungskauffrau. Wenn die mal eine Autobiographie veröffentlicht, trägt die bestimmt den Titel „Mein Leben als Krankenhauskaffee." Was für ein Fehlgriff damals. Aber ich hätte lieber die private Zusatzkrankenversicherung damals bei ihr abschließen sollen. Dann würde jetzt mein Kaffee mit der ersten Maschine aus Mailand eingeflogen worden sein; mit Sahne, einem Cantuccini und der Telefonnummer von Michelle Hunziker.

6:37 Uhr

Vor der Tür höre ich, wie Hilde jemanden ärgerlich anpflaumt. Es kann nur Hilde sein. Wenn sie sauer ist, klingt nur sie so.

6:39 Uhr

Die jetzt doch etwas weniger lächelnde Lebenslustkugel stellt mir eine neue Tasse Kaffee ans

Bett. Diesmal stammt er aus der Maschine der Personalküche. Der andere wird wortlos wieder mitgenommen. Hilde beobachtet ihre Kollegin dabei wie ein General, der seine Truppen inspiziert. Sie hat unseren Laptop mitgebracht und hält ihn lächelnd in die Höhe. „Damit Du mir nicht an Langeweile stirbst", formuliert sie äußerst unglücklich, wie ich finde.

Hätte eine ihrer Figuren in ihren Romanen einen solchen Satz in einer solchen Situation losgelassen, wäre selbst dem unerfahrensten Leser auf der Stelle klar, wer am Ende der Geschichte mit dem Gesicht in der Salzsäure landet.

Aber sie meint es nicht so, das weiß ich. Was sie jetzt nach außen hin zeigt, lässt zwar auf das Tiefkühlgefühlsleben eines Heinrich Himmler beim Besuch des Konzentrationslagers Buchenwald schließen, hat aber nichts mit ihren tatsächlichen Emotionen zu tun. Das ist bei mir ja nicht anders. Vielleicht halten wir es gerade deshalb so gut miteinander aus. Natürlich könnte ich mich andererseits auch fragen, ob ich nicht manchmal zu sehr von mir auf andere schließe.

Hilde kann nicht lange bleiben. Sie erklärt mir schnell, dass es wohl nur eine kleine Blutung war, ich im Grunde nur pro forma auf der Intensiv liege und dass Chefarzt Dr. Bauer ihr versprochen hat, sich um mich zu kümmern. Bleibende Schäden würde ich auch nicht davontragen – außer den bereits bestehenden natürlich, wie sie sich nicht verkneifen kann hinzuzufügen. Vielleicht ist sie ja doch der Himmler. Seelenwanderung – wer weiß?

Sie gibt mir einen Kuss zum Abschied. Warm fühlt er sich nicht an. In ihrer Mittagspause will sie wiederkommen.

7:02 Uhr

Der Typ in dem Bett vier Meter weiter rechts von mir grunzt, öffnet die Augen und grunzt noch mal. Dann furzt er so laut und in der Klangfärbung so unzweifelhaft der Kategorie Blechblasinstrumente zugehörig, dass der Ärmste nur eine Tuba im Rektum haben kann.

Ich schaue ihn zum ersten Mal richtig an. Vielleicht Mitte sechzig. Rein farblich gesehen hat er Ähnlichkeit mit einer gammeligen Zitrone. Ansonsten aber auch. Vielleicht auch mit einer Orange, schwer zu sagen, die Farben scheinen sich in seinem Gesicht in unregelmäßigen Abständen abzuwechseln. Er schielt zu mir rüber. „Moin", krächzt er mit versoffener Stimme. Ich bin der Horst…" Er schnauft und holt neue Luft „Leber."
Ich antworte: „Moin. Ich bin der Fabian… Gehirn."

Horst: „Komiker, was?"

Ich: „… Dotheno"

Horst: „Du heißt Fabian GehirnDotheno?"

Ich: „Auch Komiker, wie?"

Horst schnaubt: „Nee. Lass mal. Ist mir schon lange vergangen."

Er starrt die Wand an und macht keinerlei Anstalten, seine letzte Aussage ein wenig näher zu erläutern. Mit diesem Satz kann ich die Unterhaltung nicht enden lassen. Das Fragewort „Warum" drängt sich so penetrant auf, ich käme mir wie der allerletzte Husten vor, wenn ich nicht nachhakte. Nicht aus Neugier, sondern aus Mitgefühl. Sag ich mal so.

Ich: „Was machst'n so?"

Horst: „Saufen."

Ich: „Nein, beruflich zum Beispiel."

Horst: „Sag ich doch, saufen."

So leicht kriegt er von mir kein ‚Ach, Du armer Horst' geschenkt. Es gibt eine Menge anderer Menschen, die auch nicht auf Rosen gebettet sind. Ich zum Beispiel.

„Was verdient man denn so als Säufer? Sicher Freiberufler, was? Also bei den meisten Freiberuflern ist Saufen sowieso Haupttätigkeit. Und die Jahre mit der Hoffnung, irgendwann einmal Rentenbeiträge zahlen zu können, gehen ins Land – und am Ende bleibt nur Flaschenpfand."

Horst grunzt wieder und fährt sich mit der Hand durch seine dünnen Haare. „Nu mach doch mal langsam, Jungchen. Was biste denn so hektisch?"

Die beiden Sätze drängen mir das Bild eines fünfzehnjährigen Jungen auf, der gerade von einer etwas überreifen Prostituierten entjungfert wird. Das behalte ich aber für mich.

„Bin überhaupt nicht hektisch", biete ich ersatzweise an.

Horst schnaubt. „Doch, doch, Jungchen, biste."

„Jetzt hör mal auf, mich Jungchen zu nennen, ok? Das kann ich auf den Tod nicht leiden. Wieso hektisch?"

„Redest ein bisschen viel, was?"

„Ich? Du bist doch angefangen."

„Ich? Quatsch!"

Ein „Doch!" oder „Wohl!" verkneife ich mir. Dafür habe ich zu starke Kopfschmerzen.

Abgesehen von weiterem Grunzen, Stöhnen und gelegentlichem lauten Austritt eines Wasserstoff-Methan-Gasgemisches schweigt auch Horst. Nennt der mich doch tatsächlich ‚Jungchen'. Unfassbar. Ich beobachte ihn aus den Augenwinkeln. Es scheint ihm alles andere als gut zu gehen und ich versteige mich sogar zu der Einschätzung, dass er dieses Gebäude nur noch in der Horizontalen verlassen wird.

Der lebensfreudige Flummi erscheint mit neuem, verbesserten Lächeln aufgeregt im Türrahmen, hüpft, titscht in der Mitte des Zimmers einmal auf und landet präzise dreißig Zentimeter vor Horst' Bett. Wie eine Turnerin, die einen perfekten Abgang vom Reck hinlegt. Ohne Salto, dafür aber sauber gestanden.

Für eine Minute redet sie gestikulierend auf ihn ein – dann schießt sie sich wieder aus dem Zimmer.

„Aha!" sagt Horst und ich bekunde Interesse an weitergehenden Informationen, indem ich meinen

Kopf leicht in seine Richtung bewege. Er kann den Wink zwar nicht sehen, da er wieder an die Wand starrt, redet aber auch so weiter.

„Jetzt geht's los", sagt er emotionslos. „Jetzt verpassen die mir ne neue Leber."

„Freut Dich das nicht?"

„Hm", antwortet Horst.

Zu differenzierteren Ausführungen kommt er nicht, denn ein Weißkittlerschwarm stürmt den Raum, zieht einen Vorhang zwischen unsere beiden Betten und bereitet ihn auf die OP vor.

Als sie ihn heraus schieben, wünsche ich ihm viel Glück. Horst hebt kraftlos die Hand, sagt lustlos „Jau" und verschwindet aus meinem Blickfeld.

Ich würde gerne wissen, wie es ihm in seinem Leben so ergangen ist. Und dabei interessiere ich mich in der Regel nicht so sehr für das Leben anderer. Das eigene ist schon so schwer zu verstehen. Ich schlafe ein.

12:14 Uhr

Das Zimmer hat sich verändert. Es muss sich verändert haben, denn ich schwöre, dass ich mich nicht vom Fleck gerührt habe. Nichts steht mehr an seinem Platz! Vielleicht halluziniere ich? Wer weiß, was da in meinem Kopf vielleicht doch so alles kaputt gegangen ist und mir verschwiegen wird? Von wegen ‚mündiger Patient'! Die verraten mir nicht, dass neben der einen Hälfte meines Hirns jetzt auch noch die andere Hälfte nur noch zu Regulierung meiner Atemfrequenz taugt! Diese verdammten Arschlöcher! Ich muss wirklich ein Schild auf der Stirn mit dem Angebot ‚Einmal zahlen – ficken so oft sie wollen' kleben haben. Ich bin ein Verarschungs-Flatrate-Puff. Ich klage laut an: „Wofür halten die sich eigentlich, diese Organdealer? Benzodiazepinpusher! Bonijäger!"

Hildes Gesicht erscheint über mir. „Na, hat sich die Welt schon wieder gegen Dich verschworen?" fragt sie.

„Was machst denn Du hier?" frage ich erschreckt zurück.

„*Was*, weiß ich auch nicht so genau, aber hier bin ich auf jeden Fall. Habe doch gesagt, dass ich in der Mittagspause noch mal kurz reinschaue."

„Mittag? Hier stimmt doch was nicht!"

„Du hast nur geschlafen und das Zeitgefühl verloren."

Sie streicht mir über die Stirn, über das Haar. Ein wenig mechanisch, wie ich finde.

Ich kaue auf meiner Unterlippe und lasse meinen Blick angestrengt durch das Zimmer schweifen. Es sieht tatsächlich völlig anders aus. Es ist deutlich kleiner geworden, dafür wohl der Gemütlichkeit wegen mit zwei Betten mehr ausgestattet; beide sind leer. Die medizinischen Apparate hat auch jemand herausgeschoben.

Das macht mich nervös. Aber ich traue mich nicht, etwas zu sagen. Nachher schickt mich Hilde noch als hirntoten Sabberlappen für immer zu den hoffnungslosen Fällen in den Keller.

Aber ich könnte sie ganz vorsichtig fragend angucken; das ist ein Hinweis, dass mich eine wichtige Frage beschäftigt, berechtigt aber noch nicht, ein Entmündigungsverfahren einzuleiten. Ich lege also einen Hauch von Frage in meinen Blick, beträufele ihn sparsam mit Angst und garniere das Ganze mit der Bitte um eine klare Antwort. Der Plan scheitert. Im Ergebnis schaut mich Hilde nämlich jetzt auch nur fragend an. Sie runzelt die Stirn, ich runzle ihr nach. Sie neigt ihren Kopf zur Seite, ich ebenfalls. Die Groschen fallen dann aber synchron. Unsere Augen weiten sich.

„Ach, Du Schande, ihr habt mich einfach nur in ein anderes Zimmer verlegt!"

Hilde lächelt. Ich kann nicht sagen, ob liebevoll oder schadenfroh. Damit hatte ich bei ihr aber schon immer Schwierigkeiten.

„Da hat aber jemand schon das Höschen voll gehabt, was?" mutmaßt sie richtig und ich kann ihr Lächeln noch weniger als zuvor einschätzen. Manchmal macht sie mir Angst. Eigentlich macht sie mir immer Angst.

Ich bin aber auch ein Waschlappen von einem Kerl. Manchmal wünschte ich mir sagen zu können, dass meine Eier wenigstens dekorative Zwecke erfüllen; aber welcher Mann kann das schon von sich behaupten? „Sag wenigstens ‚Hosen' und nicht ‚Höschen'. Das stellt meine geschlechtliche Identität in Frage. Also solltest Du weiterhin Interesse an einem funktionierenden Sexualleben haben, lass das."

Hilde geht darauf nicht ein.

12:20 Uhr

Ihre Augen verengen sich zu Sehschlitzen, als eine Elfe mit meinem Mittagessen ins Zimmer schwebt. Sie ist klein. Sie überragt mich zwar um zwei Köpfe – aber ich liege! Ich schätze sie auf fünfundzwanzig und ihr Gewicht in Kilogramm dürfte kaum darüber liegen. Goldblonde Locken rahmen ihr Gesicht ein. Ein Wuschelköpfchen. Makellose Blässe und doch leicht gebräunt – wie Karamellsoße auf pana cotta. Ein kleines Näschen und Grübchen in den Wangen. Und Augen – so blau und strahlend. Und dieses Lächeln! So unendlich nett und ein ganz kleines bisschen unsicher. Ich bin verknallt.

Nützt aber nichts, denn ich könnte ihr Vater sein und kann diese Tatsache noch nicht einmal mit Geld überschminken.

Sie stellt das abgedeckte Mittagessen vor mich auf den Klapptisch, schaut mich ganz kurz an und senkt ihren Blick sofort wieder. „Guten Appetit", sagt sie, lächelt weiter und schaut mich noch einmal, diesmal den Bruchteil einer Sekunde länger, an und verschwindet wieder.

Nachdem die Tür ins Schloss gefallen ist, frage ich Hilde unverzüglich mit leicht verächtlichem Ton: „Was war denn das für ein Gartenzwerg?"

Ich bin mir bewusst, dass sie mir das nicht abkauft. Ich bin mir aber auch bewusst, dass ich etwas in dieser Art sagen muss, damit sie mich nicht sofort in die Waterboarding Abteilung verschleppt.

„Der Gartenzwerg heißt Anna und sie bringt Dir Dein Essen", sagt sie „und mein Name ist Hilde und ich drücke Dir gleich Deine Augen wieder in den Kopf zurück. Unter Umständen auch ein bisschen tiefer als anatomisch korrekt!"

Sie lächelt wieder, aber ihre Augen erklären mit in aller Deutlichkeit, dass sie mir nur deshalb keine Schädelfraktur verpasst, weil da schon ein Schlauch drin steckt.

Ich lüfte den Deckel von einem Schnitzel mit weich gewordener Panade. Ich kommentiere die Aktion mit „Oh nein, Schanitzel! Davon habe ich aber gerade echt die Schanauze schavoll. Bäääh …". Mir fällt zu spät ein, dass Hilde damit überhaupt nichts anfangen kann.

Sie klopft mir auf den Oberschenkel und steht auf. „Wird schon gehen – bis heute Abend."

12:42 Uhr

Schwester Anna räumt ab und fragt, ob es mir geschmeckt hat. Ich lüge mir ein „Ganz hervorragend, danke" zurecht. Sie nickt und lächelt zufrieden, was mich freut.

„Hat die Hilde extra für Sie organisiert. Ist aus unserer Kantine. Das geht natürlich nur, solange Sie hier alleine im Zimmer liegen."

Sie zwinkert mir verschwörerisch zu und schließt die Tür hinter sich. Großartig. Möglicherweise bin ich gar nicht so ein netter Mensch, wie ich immer von mir gedacht habe. Vielleicht bin ich einfach nur ein mieser, kleiner Egozentriker. Ein verzogener, verwöhnter kleiner Rotzjunge, der den Spinat an die Wand wirft, für den Mama auf den Strich gehen musste und sich dabei über die Ungerechtigkeit der Welt ihm gegenüber beklagt.

Viele große Künstler sollen ja so sein. Sie bedienen sich der Menschen, die ihnen nützlich erscheinen, saugen sie aus und werfen sie dann weg. Das schlechte Gewissen, das dabei als Abfallprodukt entsteht, nutzen sie für die Festigung ihres schlechten Selbstbildes, übertragen es auf die Welt und machen daraus – Kunst! Gemessen an meinen kreativen Leistungen bin ich aber leider nur ein Arschloch. Meckern, sich den Kopf einschlagen und wieder meckern: das hat nichts mit Kunst zu tun, so sehr ich es auch drehe und wende. Naja, vielleicht könnte man es als Performance durchgehen lassen, die die menschlichen Unzulänglichkeiten in drastischer Klarheit dem Champagner schlürfenden Publikum vor Augen führt.

15:58 Uhr

Ich will rauchen. Im Schrank neben dem Bett hängt meine Jacke, in der ich Zigaretten und ein Feuerzeug finde. Irgendetwas in mir freut sich darüber und irgendetwas anderes in mir mault oberlehrerhaft herum, dass Rauchen die Gefäße verengt und demzufolge so ziemlich das Dümmste ist, was ich machen kann. Solche gedanklichen Ambivalenzen gehen bei mir immer zugunsten der Dummheit aus.

Mein Zimmer hat einen Balkon. Sogar mit Aussicht auf einen sehr schönen Park. Ein riesengroßer Naturteich in der Mitte; fast könnte man ihn See nennen, mit hübschen Koikarpfen, gesäumt von ehrwürdigen, alten Bäumen, die sich leise im Wind wiegen. Ich frage mich, ob man das mit Darmkrebs im Endstadium wohl auch noch schön findet. Hat man noch einen Sinn für Schönheit, wenn einem die Gedärme als blutiger Brei aus dem Arsch geschossen kommen? Wirkt dann der Park tröstend als Kontrast zum eigenen Elend oder ist einem das scheiß egal?

Ich öffne die Balkontür. Sehr warm ist es nicht. Das OP Hemd, das ich trage, wird sofort von einem kalten Hauch gelüftet, erzeugt Gänsehaut und lässt meine Genitalien auf Kindergröße schrumpfen.

Warum ein paar, in einer schmuddeligen Ecke meines Hirns herum gammelnde Penner süffisant ablästern, dass das doch ganz gut zu mir passe und sich zahnlos und blöde lachend mit Billigbier zuprosten, erschließt sich mir leider nur allzu gut.

Ich zünde die Zigarette an und inhaliere tief. Mir wird leicht schwindelig. Ein schönes Gefühl, das Ziel ist erreicht, so kann es bleiben. Der Park vor meinen Augen beginnt sich zu drehen. Erst langsam, dann immer schneller und schneller und schneller.

Nicht mehr schön. Ich schaffe es gerade noch, mich auf einen der weißen Plastikstühle zu setzen. Die Zigarette lasse ich fallen und auf dem Boden weiter qualmen. Das Karussell wird trotzdem noch immer schneller und ich bekomme Panik – und zwar existenzielle Panik.

Die Orientierung ist weg, mir wird übel und alles in meinem Körper ist weich – so weich, dass ich vom Stuhl rutsche und erst auf allen Vieren, dann platt auf dem Boden lande. Erst jetzt wird es besser und das Karussell bremst langsam ab. Gottverdammte Sucht.

Ich krieche langsam Richtung Bett. Die Übelkeit verstärkt sich. Auf halbem Weg fange ich an zu würgen und als die Tür aufgeht, erscheint Chefarzt Dr. Bauer gerade rechtzeitig, um mir beim Erbrechen des geschmuggelten Schanitzels auf den PVC-Boden in Eichenparkettoptik zusehen zu können.

„Was machen Sie denn da?" fragt er mich, die Hände in die Hüfte stemmend und stellt damit auf einen Schlag seine gesamten akademischen Errungenschaften nebst grauer Schläfen und Stethoskop in fragwürdigstes Licht.

Gerne würde ich ihm ein unflätiges „Kotzen, Du Gehirnakrobat!" an den Kopf knallen, aber ich bin leider weder in der dafür notwendigen Verfassung noch Position.

Mit den Vorderläufen trete ich auf der Stelle und schnaube. Vielleicht hängt mir dabei die Zunge aus dem Mund.

18:49 Uhr

Halb Licht, halb Schatten. Es dämmert. Der weiße Kittel mit dem dicken Konto unterhält sich in einiger Entfernung von meinem Bett mit Hilde. Sie stehen nah zusammen und flüstern.

Gerne würde ich annehmen, dass sie einfach nur Rücksicht auf mich nehmen; mich nicht wecken wollen, den heilsamen Schlaf nicht unterbrechen. Gerne würde ich auch annehmen, dass diese vertrauliche Atmosphäre zwischen den beiden eher der gemeinsamen, professionellen Basis entspringt als durchvögelter Nachtdienste.

Ach, was weiß ich denn schon? Gar nichts weiß ich! Sollen sie doch zusammen stehen und flüstern. Na und? Und doch sehe ich da eine Intimität, die mich beunruhigt. Nach so vielen Jahren mit ihr kann ich nicht sagen, dass ein Außenstehender – so wie ich jetzt hier – bei uns jemals eine solche hätte beobachten können, wie zwischen diesen beiden. Ich werde nicht schnell eifersüchtig. Bevor ich es werde, brauche ich Beweise oder zumindest handfeste Indizien.

Verstanden hat Hilde das nie. Für sie war das immer mit Gleichgültigkeit gleich zu setzen. „Ich rufe ja auch nicht die Polizei an, nur weil jemand ein Tranchiermesser kauft", ist immer mein Standardeinwand gewesen. An besseren Tagen hat sie mir dafür ihr materialschonendes Sparlächeln geschenkt.

Ich kann es ihr ja nicht verübeln, wenn da was laufen sollte. Geduld hat sie genug mit mir gehabt. Sieht ja auch gut aus, der Typ. Hat Geld, einen tollen Job. Der ist ich als Best-Case-Szenario. Nachher kann der auch noch singen, tanzen, verfügt über Humor und hat als Sahnehäubchen auch noch so ein waffenscheinpflichtiges Ding oder ein waffenscheinpflichtiges Ding mit Sahnehäubchen in der Hose. Ausgestattet mit der Libido eines Sechszehnjährigen. Ja, ja, das waren noch Zeiten. Zwölf Mal am Tag onaniert und trotzdem abends bei Sichtung auch nur eines Damenfahrrads sofort reizüberflutet und brandgefährlicher Triebtäter.

Die beiden bewegen sich. Ich glaube, er will gehen. Oder beide? Keine Ahnung. Ich schließe die Augen.

Die Tür fällt zu und ich warte ein paar Sekunden. Zu hören ist nichts, also wage ich meine Augenlider einen Spalt breit zu öffnen. Hilde steht neben mir am Bett und schaut mir direkt in die Augen. Ich weiß, dass sie weiß, dass ich weiß, dass sie weiß, dass ich wach bin; vielleicht auch, dass ich wach war.

„Na?" sagt sie.

„Na?"

„Wie geht's Dir?"

Darüber habe ich noch gar nicht nachgedacht. Mir ist nicht übel und Kopfschmerzen habe ich auch nicht. Ein bisschen schlapp vielleicht, das ist aber auch schon alles. Nichts, was derzeit erwähnenswert wäre.

„Sag mal, hast Du was mit dem?" quillt es aus mir also stattdessen mit klopfendem Herz heraus und ich versuche dabei ein möglichst neutrales, gewaltfreies Gesicht zu machen, was ihr durch Andeutung von Straffreiheit eine wahrheitsgemäße Antwort erleichtern soll.

Sie antwortet nicht sofort. Ich versuche aus ihrer Mimik klug zu werden, was mir aber nicht gelingt. Ihr Gesicht ist wie eine Fremdsprache, hingeschmiert von einem Grundschüler mit einer Fünf in Schönschrift. Was zum Teufel ist da auch nur in mich gefahren? Wie komme ich dazu, die Hilde rotzfrech zu fragen, ob sie was mit dem Typen hat? Auf Grundlage von gar nichts! Ich lege sofort etwas Reue in meinen Blick. Ohne Wirkung. Aus der Reue mache ich Ängstlichkeit, aus der Ängstlichkeit Flehen, aus dem Flehen ein ‚bitte hau mich nicht'. Hilde bricht ihr Schweigen und sagt: „Häääää?"

Dann zieht sie ihre Oberlippe hoch und macht mit der Hand eine Scheibenwischerbewegung vor ihrer Stirn. „Entschuldigung", hauche ich zerknirscht. Ungeplant, aber doch strategisch wertvoll, wie ich finde. Auch wenn ich im Unrecht war, habe ich ihr damit doch signalisiert, dass ich zu so etwas wie Eifersucht fähig bin und ihr Fremdgehen zutraue. Und das sogar vor meinen Augen, nachdem ich arme Schmusemaus dem Sensenmann gerade mal so von der Schippe gesprungen bin.

Wenn ich ihr das zutraue, muss sie etwas Grundlegendes schrecklich falsch gemacht haben. Da muss ein übler Charakterfehler bei ihr vorliegen, der ihr bis jetzt gänzlich unbekannt war. Sie wird ihn suchen! Also habe ich damit ein kleines psychologisches Kissen, einen Puffer, einen Vorsprung, ein Fettnapfkonto mit Guthaben.

„Bist Du eigentlich bekloppt, nach so einer OP alleine nach draußen zu gehen und zu rauchen?" fragt sie mich mit einer Schärfe in der Stimme, die jeden Hinweis auf die erhoffte Charakterfehlersuche vermissen lässt.

Ich sinke noch etwas mehr in mich zusammen. Beschämt und kleinlaut gestehe ich meine beschränkten geistigen Fähigkeiten. Ich entschuldige mich, sage, dass es mir leid tut. Das alles in einem Tonfall äußerster Demut, der aber doch subtil durchblicken lässt, dass ich mich zu Unrecht angegriffen fühle. Schließlich ist es mein armer Kopf, aus dem hier ein Schlauch ragt!

„Jetzt könnte ich aber eine rauchen", höre ich mich sagen. Hilde verdreht die Augen, schließt sie, öffnet sie wieder und wendet ihren Blick hilfesuchend an die Zimmerdecke. „Du machst mich wahnsinnig!" sagt sie und es hört sich an als meinte sie es so.

Aber sie hilft mir beim Aufstehen und geht mit zum Balkon. Wir setzen uns auf die weißen Plastikstühle, Hilde kramt in ihrer Handtasche und fördert zwei Dosen Bier hervor. Sie reicht mir eine davon, als sei es das Normalste der Welt. Eine komplexe Persönlichkeit, die Hilde, das muss man ihr lassen. „Kaufen Sie Hilde! Elegantes Design mit extra vielen herausfordernden Widersprüchen für den Mann von Welt." Gott, ist das alles anstrengend.

„Wie läuft's mit Uschi?" Hilde befleißigt sich eines beiläufigen Tonfalls. Ihr Blick ist auf den Park und nicht auf mich gerichtet. Beides soll darauf hinweisen, dass ihr meine Antwort auf diese Frage im Moment nicht so wahnsinnig wichtig ist, ich mir Zeit lassen kann und bestimmt auch etwas sagen darf, was ihr nicht so ganz in den Kram passt. Zu dieser fatalen Fehleinschätzung würde aber nur ein blutiger Hilde-Anfänger kommen.

„Ich denke schon, dass die Zusammenarbeit mit ihr eine sehr gute Sache ist. Endlich habe ich jemanden, der mir hilft; mir gute Tipps gibt. Nach so langer Zeit der Herumdödelei als Möchtegernschriftsteller wird es ja auch höchste Zeit. Und ich nehme ihren Rat an. Das ist für mich nicht gerade selbstverständlich, wie Du ja…, ich…."

Hilde schaut nicht mehr in den Park. Ihr Blick trifft jetzt mich. Die linke Augenbraue wandert ein wenig nach oben und verharrt dort für eine unangenehm lange Zeit. „Was gibt Sie Dir denn so für Tipps?"

„Das kann ich so genau jetzt gar nicht so sagen. Kommt ja immer auf den Einzelfall an, da müsste ich jetzt viel zu weit ausholen."

„Ich kann es verkraften, schließlich bin ich, wie Du vielleicht weißt, auch Schriftstellerin."

„Nein, tut mir leid, Hilde, aber das ist mir jetzt zu kompliziert. Mein Kopf, weißt Du, der läuft immer noch auf halbe Kraft. Wenn es hoch kommt." Ich lache gekünstelt. Hilde nicht. Sie knibbelt an ihrer Unterlippe herum. „Das ist vielleicht gar nicht schlecht, wenn Dein Kopf sich ein bisschen mehr zurück hält. Einfach mal auf Leute hören. Machen statt Denken! Das eine ist ohne das andere nämlich nichts wert."

„Das hast Du aber schön gesagt."

Verdammt, da war Sarkasmus in der Stimme, das wollte ich gar nicht. Hildes Lippen werden schmal.

„Ich meine es so", beeile ich mich zu sagen. „Wirklich, das hast Du jetzt falsch aufgefasst."

Hilde schnauft und reibt sich mit geschlossenen Augen die Stirn. „Sprich mit ihr. Frag sie, was der Markt verlangt. Wer nur für sich schreibt, ist kein Schriftsteller, sondern ein Wichser."

„W…?"

„Ein Schriftsteller teilt sich anderen mit, ein Wichser macht es sich nur selbst. Und es ist vollkommen egal, auf welchem intellektuellen Niveau. Hand bleibt Hand. Und Geld kann man damit auch nicht verdienen."

„Ich werde mit ihr sprechen. Ganz in Ruhe und ausführlich."

„Morgen ist sie wieder da."

„Haben Lektorinnen auch außer Haus Termine?"

„Freizeit. Ich glaube sie ist…" Hilde schnippt mit den Fingern. „Na, was war das noch mal? Genau: Sie ist auf einem Symposium für Zwölftonmusik in Hannover."

„Ach, Du großer Gott, diese Pingel-Pangel Musik von Schönberg und Konsorten, die im Fernsehen immer läuft, wenn Kunstwerke erklärt werden?"

„Ja, und?"

„Nichts, schon gut."

20:34 Uhr

Vielleicht haben mich Zigaretten und Bier im Nachhinein doch etwas mitgenommen. Ich weiß nicht recht, ob ich schlafe oder ohnmächtig bin. Wie ging noch mal mein Kiffergedicht?

> *Mein Kreislauf ist im tiefsten Tal*
> *Ich bin so fahl*
> *- auch egal*

Sechster Tag

03:45 Uhr

Das Bier, das mich noch vor ein paar Stunden so umgehauen hat, wirkt nicht mehr. Ich bin hellwach, an einschlafen ist nicht zu denken. Das liegt wohl auch daran, dass ich mich nicht drehen kann, ohne auf diesen blöden Schlauch, der aus meinem Schädel ragt, aufpassen zu müssen. Wenn man halb ohnmächtig ist, geht einem das gepflegt am Allerwertesten vorbei, aber so...

Ich schalte das Licht über meinem Bett an und schaue ein paar Minuten ziellos im Zimmer umher als bestünde die Hoffnung, irgendetwas Neues entdecken zu können. Dann schalte ich den Fernseher ein. Schlechter als um viertel nach acht oder mittags oder morgens oder nachmittags, kann das Programm unmöglich sein.

Auf dem Dritten läuft tatsächlich eine Dokumentation über Joseph Beuys. Geht doch, aber da ist sie – die Pingel-Pangel-Zwölfton-Schönberg-Musik.

    Pingpangpingpang dingeldangel pingpangpingpangpingpangpingpang dingeldingel ding ding ding

    Prrrrrtjömpongpingpang
    Pungpungpung
    Pung

Pling

Nachzuhören auf:
http://www.youtube.com/watch?v=19VxHGpzJBo
Oder: Arnold Schoenberg: Suite per pianoforte op.25 (1921)
Dissonant und rhythmisch wie ein Herzklappenfehler. Da werden meine Hörgewohnheiten aber ganz brutal in Frage gestellt. Ein musikalisches Lachshäppchen für die Intellektuellen dieser Welt. Für die Uschis dieser Welt. Ich wette, sie kann ihre letzte Gehaltsabrechnung in Ausdruckstanz umsetzen. Wie ich diese elitäre Kulturclique hasse.

Bei Uschi muss ich mich jetzt schon einschleimen, aber was mache ich bloß, wenn ich wirklich eines Tages ein Buch herausbringe und der Verlag verlangt von mir, dass ich mich einer ganzen Horde dieser Spinner stelle? Auf Partys mit selbstgebrautem Met in der Hand Konversation machen? Vernissage hier, Finissage da, der letzte Performancekunstschrei aus New York. Und dabei permanent die Zwölfton-Klaviersonaten von Schönberg im Hintergrund:

Party der WDR Kulturredaktion in Düsseldorf. Ich stehe mit Horst in einer Ecke und trinke Biorotwein. Im Hintergrund läuft Schönberg. Seit vier Stunden.

Pingpangpingpang dingeldangel
pingpangpingpangpingpangpingpang dingeldingel ding ding ding

Mir steht der Schweiß auf der Stirn, in meinen Augen schwimmen Angst, Panik und Verzweiflung um die Wette.
Ich: „Gleich sag ich, dass mir Schönberg's Klaviersonaten auf den Sack gehen."
Horst: „Mach doch keinen Quatsch, Mensch!"
Ich: „Doch! Ich sag's gleich. Ganz laut!"
Horst: „So etwas ist hier Sozialsuizid, Junge. Wach auf! Werd' vernünftig. Junge, Mensch!" (rüttelt mich)
Ich: „Ich kann aber nicht mehr!"
Horst: „Klar, kannst Du! Zwölftonmusik hat auch ihre guten Seiten. Du musst Dich nur dafür öffnen, Dein Ohr schulen!"
Ich: „Ich vermag sie nicht mehr zu sehen, diese Seiten. Es macht mich krank. Dieses Geklimper. Dieses grauenhafte Geklimper!"
Horst: „Du weißt, dass das hohe Kunst ist. Du forderst doch auch immer von anderen Offenheit!"

Prrrrrtjömpungpingpang
Pungpungpung
Pung
Pling

Ich (verzweifelt, weinend): „Nein, weiß ich nicht; ist mir egal. Ich stelle mir in letzter Zeit immer öfter vor, dass die ganzen Kulturschnepfen und Gockel hier so ficken, wie

Schönberg komponiert. Und dann muss ich immer brechen. Das sind Bilder, die sind so schlimm, da will ich nicht mehr leben. Wie in einem Traum. Und ich kann nicht aufwachen. Und es geht weiter und weiter und ich kann einfach nicht aufwachen."

Horst (packt mich am Kragen. Brüllt):„Reiß Dich zusammen, Mann!"

Ich (brülle zurück): „Nein!"

Pingpangpingpang dingeldangel pingpangpingpangpingpangpingpang dingeldingel ding ding ding

Ich (reiße mich los, steige auf den Küchentisch, lasse die Hosen runter, drehe mich und pinkle dabei einen Großteil der Gäste an. Schreie laut, wie von Sinnen): „Schönberg ist Scheiße! Schönberg ist Scheiße! Ihr seid alle Scheiße!"

Die Partygesellschaft schaut ehrfurchtsvoll bis demütig zu mir auf. Alle applaudieren der Performance. Ich halte inne, packe meinen Unterdrückungsapparat wieder ein und schüttle traurig den Kopf. Dann renne ich weinend weg. Alle klopfen mir anerkennend auf die Schulter.

Wörter, teils gerufen, teils geflüstert, wie „harsch", „mutig", „provokant" und „genial" dringen an mein Ohr. Der Ausdruck „dialektisch" fällt auf dem Weg zur Wohnungstür siebenunddreißig Mal, bis ich aufhöre zu zählen. Ich bin mir relativ sicher, dass sich eine Frau bei mir für den gesunden Mittelstrahl bedankt hat.

04:30 Uhr

Wer kennt schon Schönberg? Wenige! Und wer hat im Ohr, wie er klingt? Noch weniger! Wahrscheinlich beschränke ich damit die Zielgruppe auf die, die Mr. Schönberg kennt und schätzt. Also auf die WDR Kulturredaktion. Wie viele Leute mögen da arbeiten? Zwanzig? Das wären zwanzig Menschen, die verstehen, was ich meine – und die statt es zu kaufen, eine einstweilige Verfügung gegen das Buch erwirken wollen. Ich bin mein eigenes Umsatzgift.

Andere kriegen das doch auch hin. Loriot schnappt sich eine Nudel und schafft damit Kulturgut, das für die Ewigkeit bestimmt ist. Ich kann mich also auch nicht damit herausreden, dass das Niveau bei Wahl allgemeinverständlicher Themen automatisch so weit sinkt, dass es gleich ins mariobartheske geht. Nun gut – von dem muss man sich natürlich ganz klar distanzieren, sonst gibt es Haue vom Feuilleton, so viel ist klar. Ich muss der Antibarth sein.

Damit das Feuilleton milde gestimmt ist, muss man am besten gleich mit dem ersten Satz unmissverständlich klar machen, dass es sich um Qualitätshumor; um Literatur handelt. Aber diesen ersten Satz zu finden, ist schwierig, um nicht zu sagen ‚große Kunst'.

„Ilsebill salzte nach" ist ein großartiger erster Satz. Das muss man dem Herrn Grass wirklich lassen. „Nennt mich Ismael" von Melville ist auch nicht von

225

schlechten Eltern. Da weiß der Kritiker gleich, wie der
Hase läuft und seine sonst eher faule Neigung zu
großem Lob schlägt gleich dienstbeflissen die Hacken
zusammen. Vielleicht wäre aber „Nennt mich
Antibarth" doch etwas plump, zu durchsichtig
anbiedernd. „Antibarth salzte nach" ebenso. „Nennt
mich nachsalzender Antibarth" könnte zu einer
Zwangseinweisung führen.

Vielleicht hat Hilde recht und ich bin tatsächlich
ein Wichser. Also literarisch gesehen. Letztendlich will
ich nur mich beeindrucken und das interessiert nun
einmal keine Sau.

Ich möchte wirklich gerne wissen, was so im
Laufe der Jahre alles in meinem Kopf schief gelaufen
ist. Möglicherweise habe ich einfach ein paar
grundsätzliche Regeln nicht beachtet? Vielleicht hätte
mir der Gebrauchtlebenverkäufer aus Paderborn auch
einfach das Benutzerhandbuch für mein Leben
aushändigen sollen; das hätte mir viel erspart. Hat er
aber nicht.

04:58 Uhr

Bedienungsanleitung Leben

*Modell „Mensch", Variante „männlich", Seriennummer
4.958.639.416/4369*

Herzlichen Glückwunsch zum Erwerb Ihres Lebens. Bitte lesen Sie vor dem ersten Benutzen diese Anleitung sorgfältig durch.

1) Dieses Leben ist nur zugelassen für den Gebrauch in Industrienationen. Bei Gebrauch in Entwicklungs- oder Schwellenländern erlischt die zweijährige Garantie.

2) Benutzen Sie nur vom Originalhersteller oder vom Originalhersteller zertifizierte Eltern. Auf keinen Fall darf Ihr Leben mit Arschlocheltern in Berührung kommen.

3) Die vorgeschriebenen Inspektionsintervalle sind einzuhalten. Wenden Sie sich ausschließlich an Vertragsärzte.

4) Die Leber ist ein sich selbst regenerierendes Organ und wurde nach dem neuesten Stand der Entwicklung gefertigt. Stellen Sie bitte dennoch sicher, dass deren Werte im Normalbereich bleiben. Ersatzteile sind derzeit nicht ab Werk, sondern nur gebraucht erhältlich.

5) Sorgen Sie stets für ausreichende Zufuhr und/oder Erhalt von Qualitätssozialkontakten.

6) Sorgen Sie stets für ausreichende Zufuhr von Qualitätsnahrung.

7) Verwenden Sie nur hochwertigen Lebenssinn.

8) Vermeiden Sie wiederholten Liebeskummer und/oder beruflichen Misserfolg. Beachten Sie, dass der Lebenswille ein Verschleißteil ist und somit nicht der Garantie unterliegt!

9) Kontrollieren Sie in diesem Zusammenhang auch regelmäßig die Selbstwertgefühlsanzeige und justieren gegebenenfalls nach.

10) Halten Sie Ihr Leben von miesen Schweinen fern.

04:59 Uhr

Ein „Gutte Morge" dringt durch meine Gedanken an mein Hörzentrum und ich fahre zusammen. Eine in einen hellblauen Kittel gehüllte Person, dem ersten Anschein nach weiblichen Geschlechts, steht im Zimmer. Ich winke ihr vom Balkon aus zu. Sie winkt zurück und schiebt einen dieser Putzwagen herein. Die Putzfrau also. Darf man eigentlich noch Putzfrau sagen? Ist das politisch korrekt?
 Natürlich ist das nicht korrekt. Wenn das die Schwarzer hört?!
 Mit Putzfrauen, Entschuldigung, mit Personen, die Gebäude reinigen, hat man in unserer Gesellschaft seltsamer weise automatisch Mitleid. Statement einer x-beliebigen Z-Promi-Tussi, die im Leben noch nichts anderes auf die Kette gekriegt hat, als in irgendeinem Unterschichtenformat vor laufenden Kameras zu vögeln: „Lieber gehe ich putzen als ins Dschungelcamp."
 Eine zutiefst beleidigende Aussage für zig tausende von Frauen, äh, Menschen, die diesen Job ausüben. Dabei geht es gar nicht darum, dass sie in der Regel nach Strich und Faden ausgebeutet werden, denn so viele werden in der post-schröderschen Ära in Deutschland ausgebeutet – und das sollte man sich merken - es gilt einfach als niedere Tätigkeit. Ich verdiene überhaupt nichts, bin mir viel zu fein zum Putzen und werde trotzdem höher angesehen. Also

zumindest von denen, die mich nicht allzu genau kennen.

Das ist doch eine himmelschreiende Ungerechtigkeit, in diesem Land läuft so unendlich viel schief, dass es schon krankhafte Züge angenommen hat. Tausend Dinge fallen mir da ganz spontan ein, aber ich lasse es lieber. Allein der Gedanke an das, was ich dann denken könnte, macht mich rasend und es pocht schon wieder heftig in meinem Kopf. Wie Sophies Ball im Hausflur. Badabumm, badabumm, bamm, bamm, bamm.

Das Gesicht des hauptberuflich raumpflegenden Menschen erscheint vor mir. „All gutt?" fragt sie. „Soll i' dottor ole?"

Es geht schon besser. „Sehr nett von Ihnen, danke. Es wird schon gehen", höre ich mich sagen und meine Artikulationsfähigkeit beeindruckt mich tief, denn ich fühle mich ein bisschen wie nach einer Flasche Wodka und zwei Gramm Koks. Herrengedeck, Senatorengedeck, Nuttenfrühstück, Rockstargedeck. Bowie Berlin Trilogie Spezial. Einmal bitte.

Die gebäudereinigende Lebensform führt mich zu meinem Bett. Wirklich sehr, sehr nett von ihr.

Warum geben Putzfrauen eigentlich keine Interviews? Oder Friseure? Oder Metzger, Postboten, Bäcker? Nur das Medienpack gibt Interviews. Mein Buch, mein Film. Man hilft sich halt. Man verdient an

sich. Oder man frisst sich gegenseitig auf. So ist das.
Wer nicht dabei ist, soll mit dem Flennen aufhören.
 Badabumm, badabumm, bamm, bamm, bamm.

5:26 Uhr

Interview mit dem Bäcker Thomas Siebermann anlässlich seines neu erschienen Brotes „Roggensaftkernbrot"
Wir treffen Herrn Siebermann in einer Suite des Hotels Adlon, Berlin
 Journalist: „Herr Siebermann, vielen Dank, dass sie sich heute für uns Zeit genommen haben. Ihr neues Werk „Roggensaftkernbrot" wurde von der Kritik überwiegend positiv aufgenommen und verspricht darüber hinaus noch ein Kassenschlager zu werden. Können Sie uns etwas über die Entstehung sagen?"
 Siebermann: „Es fällt mir schwer, den richtigen Zeitpunkt für den Beginn dieses Prozesses zu benennen. Es ist ein sehr persönliches Brot und genau genommen müsste der Anfang irgendwo in meiner frühen Kindheit zu suchen sein. Konkrete, operative Arbeiten begannen jedoch erst vor etwa drei Jahren. Damals fing ich an, erste, grobe Rezeptentwürfe zu skizzieren. Wo der mentale oder auch spirituelle Beginn des Schaffens begann, kann ich Ihnen leider nicht sagen."
 Journalist: „Wir können also Anklänge an den Privatmenschen Siebermann in dem Brot wiederfinden?"
 Siebermann: „Das können Sie in jedem meiner Brote. Meiner Meinung nach ist es unmöglich ein Brot zu schaffen,

dass nicht in irgendeiner Form – und sei sie noch so subtil – die eigene Seele widerspiegelt."

Journalist: „Interessant. In Ihren weniger komplexen Broten wie „Bauernstuten" oder „Rosinenbrot I und II" auch?"

Siebermann: „Selbstverständlich! Die Eignung zur Reflexion des Selbst hat nichts mit Komplexität zu tun. Das einfachste Brötchen kann der beste Spiegel sein."

Journalist: „Würden Sie „Roggensaftkernbrot" dennoch als Wendepunkt Ihrer Karriere betrachten?"

Siebermann (ungehalten): „Ich habe Ihnen doch gerade erklärt, dass Komplexität nicht zwangsläufig besser sein muss. Das Kritikerpack setzt Komplexität immer mit Kunst gleich. Völliger Blödsinn. Also kommen Sie mir bloß nicht so! Nur weil ich keine Lust hatte, ein Rosinenbrot III auf den Markt zu bringen, ist das noch lange kein Wendepunkt!"

Journalist: „Herr Siebermann, welchen Anteil hatte ihre Frau an „Roggensaftkernbrot"?"

Siebermann: „Meine Frau ist meine größte Kritikerin. Ein wunderbares, regulierendes, ja geradezu steuerndes, stabilisierendes Element in meinem Leben und für meine Brote."

Journalist: „Wie man hört, war sie maßgeblich an der Findung der Backzeit beteiligt."

Siebermann: „Das ist richtig. Ohne sie hätte ich es nicht geschafft."
Journalist: „Wie stehen Sie zu den Gerüchten, dass Ihre Frau ein Stutenkerlprojekt mit der Bäckerei Paulus aus der Goethestraße plant?"

Wir mussten das Interview an dieser Stelle abbrechen, da Herr Siebermann obszön und laut über seine Frau fluchend den hoteleigenen Fernseher aus dem Fenster schmiss und unserem Kameraassistenten seinen erigierten Penis präsentierte. Das Hotel Adlon informierte uns, dass sich der Sachschaden auf rund fünfzehntausend Euro beläuft. Wie inzwischen bekannt ist, wurde Herr Siebermann noch in der Nacht wegen Kokainbesitzes und Aufforderung zur Prostitution verhaftet (wir berichteten).

06:28 Uhr

Anna bringt mir Kaffee. Den guten aus der Personalküche. „Das Frühstück kommt gleich", sagt sie lächelnd und ihre Augen strahlen wie ein kristallener Bergsee in der Morgendämmerung. Ich wäre so gerne mal wieder verliebt. Das kribbelt so schön.

6:29 Uhr

„Bulöpp"
    Zwölfton-Uschi wünscht mir via facebook gute Besserung. Die ist schon wach? Intellektuelle müssen nach einem solchen Symposium ihren Ohren doch bestimmt eine mindestens vierzehnstündige Pause gönnen?! Langsam wieder aufsteigen, wie Taucher aus großen Tiefen?! Und erst dann hören sie zum Aufwärmen Blues und lassen dabei die Forellen im

selbstgemachten Apfelmus tanzen, wie Stephan Sulke einst so schön sang.

„Kuriere Dich erst mal ganz in Ruhe aus. Vielleicht findest Du im Krankenhaus auch die ein oder andere Inspiration für eine Geschichte? Krankenhäuser sind immer gut für Geschichten. Das Fernsehen ist ja voll davon. Im Grunde gibt es kaum einen besseren Ort für gutes, also verkäufliches Material als das Krankenhaus. Abgesehen von einer Mordkommission vielleicht. ☺ LG Uschi PS: Und komm mir jetzt nicht mit Niveau. Denk dran, es gibt „Grey's Anatomy" und es gibt den „Zauberberg". Beide Varianten kann man handwerklich gut oder schlecht gestalten. Was daraus wird, liegt ganz in Deiner Hand. Ich muss jetzt los, sonst komme ich zu spät zum Bus."

Anna bringt mir das Frühstück. Als sie das Zimmer wieder verlässt, zwinkert sie mir so verführerisch lächelnd zu - wäre ich vierzehn, müsste ich jetzt die Unterhose wechseln.

Ach, die Uschi. Jetzt kommt sie mir auch noch mit Thomas Mann und seinem Zauberberg.

Überdurchschnittlich viel gelacht habe ich beim Lesen nicht. Das Buch lag ein Jahr neben meinem Bett. Als ich es durchgelesen hatte, wollte ich wieder von vorne anfangen. Und als Hilde fragte, warum, habe ich geantwortet, dass ich nicht mehr so viel

Alkohol trinken möchte und deshalb irgendwas Wirkungsvolles zum Einschlafen brauche.

Ich glaube nicht, dass ich je etwas Langweiligeres gelesen habe. Mir fehlt da irgendwie der Feinsinn, fürchte ich. Aber mit dem fehlenden Feinsinn für Thomas Mann ist es ein wenig wie mit fehlendem Mitleid für Putzfrauen - das darf man nicht laut sagen. Dabei gibt es so einige, die Thomas Mann für überbewertet halten, aber das wird höchstens flüsternd unter der Decke kommuniziert.

Doch! Es gab etwas Langweiligeres! „Herz der Finsternis" von Joseph Conrad. Wenn jemals die Öffentlichkeit davon erfährt, dass ich diesen Jahrhundertroman zum Kotzen finde, sollte ich meine literarischen Karrierepläne besser einmotten. Dagegen war Thomas Mann mit seinem Zauberberg fesselnd wie eine Domina.

Kennste? Kennste? Kennste? Pass mal auf! Kennste? Kennste? Kennste? Pass auf; Witz für Deutschlehrer:

Vor kurzem kam ich an meinem Lieblingsantiquariat vorbei. Ich trat, begleitet von himmlisch analogem Glöckchengebimmel ein und sah meinen Lieblingsantiquariatsbuchhändler, wie er rittlings auf einem Kunden saß und ihn halb besinnungslos prügelte.

Ich sah mich in der Pflicht einzuschreiten und so sprach ich beherzt: „Lassen Sie die Finger von dem Mann!"

Und mein Lieblingsantiquariatsbuchhändler antwortete: „Hab ich ihm doch auch schon gesagt, aber er will die signierte Originalausgabe von den Buddenbrooks ums Verrecken nicht loslassen."

Gar nicht mal so schlecht. Der sitzt! Ein Witz mit Anspruch für den gepflegten Deutschlehrerabend. Ohne Schönberg, dafür aber mit mir. Den würde ich gerne mal testen.

06:49 Uhr

Anna tritt ein und will das Frühstückstablett abholen. Ich halte ihr stolz, als hätte ich gerade das Welthungerproblem gelöst, den Laptop unter das süße Näschen und bitte sie zu lesen.

Sie liest. Nickt. Nickt noch einmal und gibt schließlich ein glockenklares „haha" von sich. „Nicht schlecht", sagt sie, lässt ein Grinsen stehen und nickt noch einmal.

Ihre Augen lachen nicht.

„Sie verstehen den doppelten Sinn?" frage ich und fühle mich auf der Stelle wie der letzte Arsch. Womöglich ist die Pointe des Witzes die einfachste Sache der Welt und ich bin ein arroganter Affe, der sie für zu blöd hält, nur weil sie eine kleine, blonde Krankenschwester ist. Die ich unbedingt mal küssen möchte, wie mir gerade durch den Kopf schießt.

Annas Augen wandern nach links oben, starr geradeaus, rechts oben, unten links, starr geradeaus, links oben, rechts oben, unten links, rechts oben. Dann sagt sie gedehnt und unsicher, aber tapfer weitergrinsend: „Wie?"

Ich kaue möglichst unauffällig, aber kräftig auf der Innenseite meiner Unterlippe herum. Meine gesamte Irritation lenke ich auf den Schmerz, damit mir nicht die Gesichtszüge entgleiten. Dann ringe ich mich nach einer gefühlten Minute ebenfalls zu einer Meisterleistung der Eloquenz durch. „Is doch klar, oder?"

Anna entschuldigt sich, denn sie hat viel zu tun. Sie sagt noch „Also ich fand den wirklich gut, haha", als sie durch die Tür verschwindet. Ich lese mir den Gag noch mal durch. Wie kann man den nicht verstehen? Noch schlimmer: wie kann ich als Autor des Gags nicht verstehen, warum man den nicht verstehen kann? Vielleicht kennt sie ganz einfach Thomas Mann und die Buddenbrooks nicht? Das würde es erklären.

Dann ist es aber wirklich sehr nett von ihr, dass sie trotzdem lacht. Nur für mich. Wirklich sehr lieb. Sie muss ihn aber auch nicht kennen, den Thomas Mann. Krankenschwestern haben bei mir einen Bonus, denn sie üben einen der sinnvollsten Jobs dieses Planeten aus und werden dafür auch noch schlecht bezahlt.

Aber Thomas Mann kennt doch nun wirklich jeder, oder? Da könnte ich irgendeinen Kanalarbeiter fragen und er würde mit „jau, hab ich mal in der Schule gehört" antworten.

An dem Gag ist also etwas falsch und ich muss wissen, was. Aber so sehr ich die Sätze und Wörter auch drehe und wende, ich komme nicht drauf. Das macht mich wahnsinnig. Ich schreibe zwanzig Versionen. Keine ist besser als die ursprüngliche. Um

07:15 Uhr

schreibe ich die ebenfalls nicht bessere einundzwanzigste Version, schließe die Augen und drücke mir das Kopfkissen vor mein Gesicht.

Trotz dieses Schalldämpfers, schreie ich für Krankenhausverhältnisse deutlich zu laut. „Fuck. Fuck Witz. Fuck. Fuck. Fuck. Wichsepissrotzbums!"
Als ich das Kissen wieder sinken lasse und die Augen öffne, steht der möglicherweise mit meiner Freundin vögelnde Chefarzt Dr. Bauer mit seinen grauen Schläfen in der Tür.

Er hat beide Hände tief in den Kittel gestopft und scheint bemüht, meine kleine Entgleisung zu ignorieren. Es gelingt ihm nur mäßig. Mir hingegen überhaupt nicht; ich werde knallrot. Wir geben uns die Hand und er schaut mich prüfend an. Himmelherrgottnochmal, ist mir das unangenehm. Mein Kopf fängt an zu kochen, die Farbe muss inzwischen ins Krebsrote gehen. Gleich bekommt der Onkel Doktor Appetit und verlangt nach dem Hummerbesteck.

Er lässt meine Hand nicht los, schüttelt sie weiter und hört nicht auf, mich prüfend anzusehen. „Störe ich?" fragt er dann irgendwann. „Nein, nein" beeile ich mich zu antworten, „ich war nur gerade…, ich…"

Kurze Pause. Der Chefarzt kaut auf der Innenseite seiner Unterlippe herum. Ich auch.

„Wie geht es Ihnen?" Er dreht meinen Kopf mit beiden Händen beiseite und schaut sich die Wunde hinter meinem Ohr an. Er kommt mir dabei für meinen Geschmack ein bisschen zu nah, also antworte ich nicht. Ich kann nicht antworten, wenn ein Mann mit seiner Nasenspitze fast meinen Hals berührt. Da bin ich irgendwie verklemmt.

Er lässt mich nach einer gefühlten Ewigkeit los, tritt einen halben Schritt zurück und wiederholt seine Frage so lange mit den Augen, bis ich mich zu einem „Ganz gut" durchringe. Er nickt, dann kauen wir beide wieder auf unseren Unterlippen herum. Also jeder auf seiner eigenen. „Keine Beschwerden?" hakt er irgendwann nach. Ich schüttle den Kopf. „Nur wenn ich mich aufrege."

Seine linke Augenbraue wandert ein wenig nach oben und verharrt dort für eine unangenehm lange Zeit. Genau wie Hilde – in jeder Nuance. Je länger man sich kennt, desto ähnlicher wird man sich oder was geht hier ab?!

„Bedrückt Sie denn etwas oder finden Sie einfach unseren Kaffee hier unzumutbar?"

Der wird doch wohl nichts von unseren kleinen Personalküchenkaffeeraubzügen mitbekommen haben?! Ich lache: „Nein, nein. Über den kann man sich gar nicht aufregen, dafür ist er viel zu kalt und leidenschaftslos. Erinnert mich an meine Ex von vor zwanzig Jahren. Ach, ja, die Birgit!"

„Birgit!? Na, so etwas, meine Frau heißt auch Birgit. Wie hieß denn Ihre Freundin mit Nachnamen?"

„W-w-wagner. Birgit Wagner."

Dr. Bauers Augen werden kalt."Birgit Wagner also, ja? Kalt und leidenschaftslos?"

„Ich…, ich glaube, es ist schon so lange her." Er nagelt mich mit seinem Blick fest. Die Kinnmuskeln arbeiten. Dann gibt er ein „hehehehehe" von sich und grinst wie ein Honigkuchenpferd. „Entschuldigung, ich liebe es einfach, Leute aufs Glatteis zu führen. Ich denke, Sie können es vertragen, hm?"

„Na, Sie sind mir ja einer."

„Sagt meine Frau auch immer, die Birgit! Hehehe." Er klopft mir leicht auf die Schulter. „Nein, die heißt Karolin."

Er schaut kurz auf meinen Laptop. „Beruflich oder privat?" fragt er. Ich ringe mich zu einem halb gelogenen „beruflich" durch. „Wollen Sie mal lesen? Ist ein Witz. Aber irgendwie scheint der nicht zu funktionieren und ich weiß nicht, warum."

Chefarzt Dr. Bauer liest und lacht.

„Nicht schlecht; also dieses Bild vom Buchhändler mit Strickjacke und Nickelbrille, der seinen Kunden ohnmächtig prügelt, nur weil er ein wertvolles Buch angefasst hat. Wirklich göttlich!"

„?"

„Ich schau nachher noch mal bei Ihnen vorbei. Weiter so!" Er reckt einen Daumen in die Höhe, zwinkert mir zu und verschwindet.

Ich schaue auf den Laptop, auf die gegenüber liegende Wand, auf die Tür. Ich finde aber nichts Scharfes oder Spitzes. Die Tür geht wieder auf und der Oberkörper Dr. Bauers zeigt sich. Der Daumen seiner rechten Hand zeigt immer noch nach oben. „Ich habe Sie schon wieder drangekriegt. Zwei zu null würde ich sagen. Ich kapier den Witz schon mit dem doppelten Wortsinn von „Mann". Aber die Schwester Anna, die mir vorhin den Witz schon auf dem Flur erzählt hat, konnte nichts mit dem Namen Thomas Mann anfangen. Muss sie ja auch nicht."

„Da haben Sie recht, das muss sie nicht."

„Haben Sie auch einen Witz für meine Kollegen auf Lager, Herr Dotheno?"

„Ein Witz für Ärzte? Habe ich tatsächlich. Ganz frisch, ist mir erst gestern – glaube ich – eingefallen. Also:

Schlagzeile in der örtlichen Tageszeitung: ‚Das neue Diabetikerzentrum wird morgen eröffnet. Alle zukünftigen Patienten können sich frei in der

Einrichtung bewegen und sich alles in Ruhe ansehen. Motto der Eröffnung: Tag der offenen Wunde'."

Herr Dr. Bauer lacht nicht. „Bisschen schwarz, der Humor. Haben Sie schon mal ein offenes Bein bei einem Diabetespatienten gesehen? Das ist nicht so schön."

Ich werde schon wieder rot. „Nein, habe ich nicht, tut mir leid."

Dr. Bauer schlägt sich auf die Schenkel und fängt schallend an zu lachen. „Drei zu Null. Hahaha, der war doch echt gut. Für die Allgemeinheit taugt er zwar nicht, nur für Ärzte und Diabetiker, die wissen, worum es geht, aber ich wollte ja auch einen Ärztewitz. Danke. Hahaha. Bis morgen."

Er winkt mir augenzwinkernd zu und verschwindet.

Wir haben es hier also mit einem richtigen Sonnenschein zu tun. Geistreich, humorvoll, gutaussehend und mit Taschen voller Geld. Arschloch.

07:25 Uhr

Anne steckt ihr blondes Wuschelköpfchen durch die Tür. „Sie bekommen heute noch Gesellschaft. Einen Transplantierten. Mit dem Kaffee und dem Kantinenessen wird's dann schwierig."

„Ach?"

Sie lächelt entschuldigend und ist wieder weg.

Der Dr. Bauer wäre schon was für Hilde. Dr. Bauer, Hilde und Uschi – ich sehe sie vor meinem geistigen Auge, wie sie Champagner schlürfend auf Partys zusammen stehen und ihre geistreichen Gespräche von Schönberg untermalen lassen. Vielleicht erwähnt mich einer von ihnen am Rande. „Wisst Ihr noch, der Fabian?"

„Ach, der Loser?"

„Ja, der. Aber das ist ja schon so lange her. Gott, war der Typ ein Fehler."

„Schatz, jetzt hast Du ja mich. Uschi, reich mir doch bitte die Lachsröllchen."

Ich schicke der Uschi die Schönberg-Geschichte. Dann hat sie auch was zum Kauen.

08:12 Uhr

Schwester Anna schiebt ein Bett in das Zimmer. In dem Bett liegt Horst. Ich muss sagen: Er sieht nicht mehr aus wie eine vergammelte Zitrone. Er sieht jetzt aus wie eine verprügelte, vergammelte Zitrone. Aus den Augenwinkeln sieht er mich an und scheint mich ebenfalls zu erkennen. Jedenfalls murmelt er noch im Vorbeirollen so etwas wie „Och, nee".

Nach Erreichen seiner endgültigen Parkposition schließt er aber wieder die Augen und schweigt. Scheint mich ja ungeheuer sympathisch zu finden.

Anna beugt sich zu mir herunter und guckt dabei so verschwörerisch, als wolle sie sagen ‚in fünf

Minuten in der Besenkammer'; sie flüstert aber nur: „Das ist der Herr Leber."

„Was?"

„Horst Leber"

„Der heißt wirklich Leber mit Nachnamen?"

Anna schaut irritiert. „Ja. Haben Sie bitte ein Auge auf ihn, ok?"

„Na klar."

Sie nickt und wendet sich zum Gehen.

„Anna?"

„Ja?"

Ich reiche ihr die Hand. „Ich bin der Fabian."

Zögernd und scheu ergreift sie sie. Erst ganz zart und ohne Druck, bald fester und fester und dann so, als wolle sie mich nicht mehr los lassen. Unsere Blicke treffen sich. Ein warmes Gefühl wandert von meiner Brust bis in die Zehen.

„Ich muss gehen", sagt sie leise und senkt ihren Blick. Als sie meine Hand loslässt, streichen ihre Finger langsam über die Innenfläche. Dann verlässt sie schnell das Zimmer.

8:45 Uhr

Der lebertransplantierte Horst Leber schläft. Ich kämpfe mit einer immer wiederkehrenden Erektion, die mich von der Arbeit abhält. Sei professionell, Fabian. Krankenschwestern, die auf dich stehen,

Erektionen, Schläuche im Kopf..., wer es im Leben zu etwas bringen will, kann so etwas ausblenden.

Die Süddeutsche Zeitung informiert mich auf ihrer Facebookseite, dass der griechische Regierungschef Reparationszahlungen für nationalsozialistische Gräueltaten während des Zweiten Weltkriegs von Deutschland fordert. Das wäre doch ein Thema für Harald Schmidt, oder?

Gott, wieso kann man sich hier eigentlich nicht ungestört einen runterholen?

Ich kann die Griechen verstehen. Allerdings müsste es richtig heißen: Schadensersatz für schlampig ausgeführte Gräueltaten während des Zweiten Weltkriegs. Die waren einfach nicht gründlich genug damals und haben die wirklich gefährlichen Leute am Leben gelassen. So etwas zieht Spätfolgen nach sich - Nana Mouskouri, Demis Roussos und Costa Cordalis. Da kann man sich auch nicht damit herausreden, dass die Munition allmählich knapp wurde.

Wahrscheinlich ist das viel zu böse. Hat seinen Biss verloren, der Herr Schmidt. Naja. Was soll dabei auch herauskommen, wenn man als ehemaliges Kabarettzugpferd auf dem Bezahlfernsehgnadenhof nur Hunderter zu fressen bekommt? Das ist schlecht für die Zähne. Gewohnheitszyniker. Pegelkabarettist.

Horst grunzt, öffnet weit den Mund und hört auf zu atmen. Atmet nicht. Atmet nicht. Atmet nicht. Er sieht aus, als hätte ihn eine Kugel genau beim Orgasmus ins Knie getroffen und eine

Gesichtslähmung verursacht. Dann atmet er wieder. Es hört sich zwar an, wie ein Abfluss auf Rohrreiniger, aber er atmet.

Erinnert mich irgendwie an Hilde, wenn sie schläft und vorher zu viel getrunken hat. Für den Laien kann so etwas schnell beängstigend wirken. Wo ist eigentlich Hilde?

„Bulöpp."

Uschi meldet sich via facebook zurück.

„Sag mal, Fabian, was soll ich denn bitte mit dieser Schönberggeschichte anfangen? Den kennt doch keine Sau! Das Thema hatten wir schon – bei der Sache mit dem Neokortex und dem vermeintlichen Nazi. Bist Du irgendwie beratungsresistent, oder was?"

„Wenn jeder Autor beim Schreiben auf Euch marketingversifften –sorry, aber mir fällt dazu kein besseres Wort ein - Buchdrücker gehört hätte, gäbe es heute kein einziges gutes Buch!"

„Bulöpp"

„Welches Buch kann schlechter sein, als das, das keiner liest? Einen Verlag findest Du mit so etwas nicht! Die schmeißen ihr Geld nämlich ungern zum Fenster raus."

„Da fallen mir momentan aber gleich eine ganze Reihe von Büchern ein, die besser gar nicht erst erschienen wären!"

„Bulöpp"

„Willst Du ein Buch veröffentlichen und damit Geld verdienen?"

„Ja, doch."

„Bulöpp"

„Dann hör auf zu klugscheißen."

„Wenn ich mein Geld mit Produkten verdiene, die keinem nützen, hätte ich auch Unternehmensberater bleiben können."

„Bulöpp"

„Arroganz nützt niemandem. Und Arroganz, die keiner versteht, verkauft sich noch nicht einmal. Punkt!"

„Niveau sieht nur von unten aus wie Arroganz."

„Bulöpp"

„Klugscheißen und durch die Themenwahl Qualität vortäuschen, hat nichts mit Niveau zu tun, sondern entweder mit Dummheit oder einem winzigen Ego. In ganz speziellen Fällen auch beidem. Ich gehe jetzt mal frühstücken."

„Bulöpp"

PS: Ich bezahle mein Brötchen gleich mit dem Geld aus Verkäufen zielgruppenorientierter Verlagserzeugnisse. Frag mal Hilde, wie sie darüber denkt. 250.000 verkaufte Exemplare sollten für sich sprechen. Aber HILDE ist ja die doofe von Euch beiden, nicht wahr?"

Liebesromane nach Schema-F schreiben, lektorieren und verkaufen. Welch eine Herausforderung. Ach, ihr Uschis und Hildes dieser

Welt – ihr könnt Euch auf Eure Grabsteine „Ich habe 250.000 Menschen wertvolle Lebenszeit gestohlen und bin auch noch stolz darauf" meißeln lassen.

Mag sein, dass ich im Grunde meines Herzens auch ein Deutschlehrer bin. Ja, mag sein. Ich bin nun einmal ein vielschichtiger Mensch, das macht mich interessant und verleiht mir Tiefe.

Unfassbar, die Uschi. Lektoriert Hildes Kitschromane und macht mir gegenüber einen auf dicke Hose. Hier, spitz mal die Ohren, Uschi; vielleicht ist das ja unverfänglich genug?

Auf der Fahrt zum Flughafen Münster/Osnabrück

Ich: „Blödsinniger Name. Flughafen Münster/Osnabrück. Liegt weder in Münster noch in Osnabrück. Flughafen Greven wäre richtig. Das ist die nächstgelegene Stadt."

Hilde: „Greven kennt keiner. Der Flughafen liegt halt zwischen Münster und Osnabrück."

Ich: „Um der Sache einen internationalen Flair zu geben, was? Hahahahaha!"

Hilde: „So ungefähr, ja."

Ich: „Also Kriterium für die Namensgebung war: Liegt zwischen zwei Städten, die bekannter als Greven sind. Damit die Leute eher was damit anfangen können und der Flughafen dabei auch ein bisschen nach großer, weiter Welt klingt."

Hilde: „Richtig."

Ich: "Dann müsste er Paris/Moskau heißen. Macht ja auch viel mehr her."

Hilde: "Du gehst mir auf die Nüsse."
Ich: "Ich mir auch."

Harmlos genug? Klostertauglich? Auf so etwas habe ich einfach keinen Bock.

Was macht eigentlich der Horst? Horst schläft. Was er wohl für einen Beruf hat? Welches Leben führt zu einem solchen Ende? Schwer zu sagen. Wenn ich nicht aufpasse, ist meine Leber auch bald im Eimer, also aufgrund seiner Erkrankung kann ich daraus wohl keine Schlüsse ziehen. Wie ein Sparkassendirektor sieht er nicht gerade aus. Vielleicht ein Elektriker oder Klempner? Metallbauer? Mit Anfang zwanzig geheiratet, Kinder großgezogen, mit Mitte vierzig hat sich dann die Frau verabschiedet, gerüchteweise ist ihm zu Ohren gekommen, dass seine Älteste auf den Strich geht und er fing an zu saufen? Buchenlaminat?

In der ganzen Wohnung Buchenmöbel mit ein bisschen Chrom und Glas? GAG – Größte Anzunehmende Geschmacklosigkeit! Buchenmöbel.

Wären die Buche-Furnier-Einrichter dreißig Jahre früher geboren, hätten sie allesamt ihre Wohnzimmer in Eiche-rustikal eingerichtet. Und sie würden das allesamt vehement abstreiten, weil sie sich allen Ernstes für moderne, geschmackvolle Menschen halten. Sie wollten sich von ihren Eltern absetzen –

und haben nur das Material gewechselt. Ich bin aber auch manchmal das reinste Waschweib.

Ich: „Meine sehr verehrten Damen und Herren, ich darf Sie recht herzlich zu unserer heutigen Podiumsdiskussion „Der Fall der Eichener Rustikalwohnwand und die Geschmacksergreifung durch die Buchenazis 1983" begrüßen. Wir alle erinnern uns an dieses schicksalsschwere Jahr 1983, dessen schreckliche Auswirkungen selbst heute noch täglich in vielen Wohnungen der Republik zu spüren sind. Ich darf Herrn Professor Doktor Hans Staub, bekannt durch zahlreiche möbelhistorische Publikationen, insbesondere des in Fachkreisen umstrittenen Essays „Der lautlose Einrichtungsputsch, neuer Stil durch altes Denken" bei uns begrüßen."

Prof. Staub: „Wieso umstritten?"

Anonymer Buche-Chrom-Glaseinrichter (zeigt auf Prof. Staub): „Der hat doch n Knall!"

Ich: „Des Weiteren darf ich Ihnen Herrn Dr. Dr. Philip Stärker von der Poco-Universität vorstellen. Herr Dr. Stärker ist bis heute bekennender Buchen-Nazi und stand schon in den Anfängen der Bewegung an vorderster Front. Sein Buch „Mein Chrom" ist sein größter Erfolg und bis heute ein Bestseller. Guten Abend Herr Dr. Stärker."

Dr. Stärker: „Da muss ich sie korrigieren. „Glascouchtisch" hat sich wesentlich besser verkauft. Aber was will man auch von einem Kolonialstilheini wie Ihnen erwarten?!"

Anonymer Buche-Chrom-Glaseinrichter: „Ich habe beide Bücher. Und die DVD „Die ewige Sammeltasse" in der restaurierten Chromfassung. Ein Muss für jeden aufrechten Buchenmann."

Ich: „Herr Professor Staub. Von Ihnen stammt der Satz: „Die Buche ist die Fortsetzung der Eiche mit anderen Mitteln". Was wollen Sie damit genau sagen?"

Prof. Staub: „Das habe ich so nie gesagt."
Alle anderen im Chor: „Doch!"
Prof. Staub: „Vieles, was ich in den Siebzigern geschrieben habe, ist mir entfallen. Entschuldigung."

Ich: „Das Zitat stammt aus den Neunzigern."

Prof. Staub: „Vieles, was ich in den Neunzigern geschrieben habe...."

Anonymer Buche-Chrom-Glaseinrichter: „Und so was nennt sich Professor."

Ich: „Schon gut, Herr Professor Staub. Herr Dr. Stärker: Beide Bewegungen; also die Eiche-Rustikal und die Buchennazis sind ja mal..."

Dr. Stärker: „Buche/Chrom/Glas-Nazis. Das ist die korrekte Bezeichnung."

Anonymer Buche-Chrom-Glaseinrichter: „Genau!"

Ich: „Danke. Also beide Bewegungen, Eiche und Buche, sind ja aus dem Bedürfnis heraus entstanden, etwas anders zu machen als die Einrichtungsgeneration davor. Inwieweit unterscheiden sich die beiden Gruppen eigentlich voneinander?"

Alle anderen im Chor: „Hä?"

Ich: „Na gut. Ich formuliere anders und bin jetzt - dessen bin ich mir bewusst - sehr provokativ: Stimmt es, dass beide Gruppierungen im Grunde aus der gleichen Motivation und spießigen Gesinnung heraus gehandelt haben? Nämlich aus dem

Wunsch nach Abgrenzung zur Vorgängereinrichtungsgeneration und dem Drang zu zeigen, dass man sich von denen unterscheidet, in dem man so tut, als hätte man mehr Geschmack und Geld als die Einrichter davor? Dass man einfach „moderner" ist. So also die jeweiligen Vorgänger als Spießer bezeichnet; selber aber der größte Spießer ist?"
Dr. Stärker: „So ein Unfug!"
Prof. Staub: „Können wir das Niveau jetzt mal anheben? Oder ich bin weg!"

Anonymer Buche-Chrom-Glaseinrichter (zu mir): „Liberaler Lump!"

Prof. Staub (steht auf): „Ich geb einen aus. Wer kommt mit?"

Alle: „Ich."

08:15 Uhr

Diese und die Flughafengeschichte gehen an Uschi. Ich scheiße die einfach mit Material zu, dann wird sie schon irgendwann die große Klappe halten. Gesendet. Wunderbar.

„Bulöpp"

Uschi. „Hast Du eine Entscheidung getroffen, ob die Partygeschichte nun eine Pointe braucht oder nicht?"

Vollkommen vergessen. Verdammt.

„Ich arbeite daran."

„Bulöpp"

„Schön."

10:59 Uhr

Es ist zum Kotzen. Wie ich es auch drehe und wende, mir fällt keine befriedigende Lösung ein. Die Partygeschichte ist eine Sackgasse.
 Also: Fertig. Aus. Ich lasse sie so stehen, wie sie ist. Wenn mir ein Leser oder Kritiker diesbezüglich blöd kommen will, behaupte ich einfach, dass ich bereits 1996 den Sackgassenstil erfunden und damals einer kleinen, literaturwissenschaftlichen Elite auseinandergesetzt habe.
 Spätestens seit 1998 gilt er als ein gängiges stilistisches Mittel. Insbesondere im humoristischen Bereich wird er inzwischen als Standard angesehen.
 Die richtig angesagten Autoren sagen heute sogar nicht mehr: „Ich habe auf den Sackgassenstil zurückgegriffen", sondern „da hab' ich dann den ‚Dotheno' gemacht." Wem das nicht bekannt ist, der soll sich eben sein Lehrgeld zurückgeben lassen. So!

11:00 Uhr

Dr. Bauer kommt hektisch, fast im Laufschritt in das Zimmer. „Sollen wir mal die Drainage entfernen, Herr Dotheno? Was meinen Sie?"
 „Wir?"
 Anna erscheint mit einer Nierenschale und medizinischen Folterinstrumenten in der Tür.
Ich schaue den Hobbyclooney von der Seite an.

„Sieht aus, als hätten Sie die Entscheidung schon getroffen, was *wir* jetzt so machen."

Er grinst. „Einer von beiden muss nun einmal den aktiven Part in einer Beziehung übernehmen. Hahaha. Wird nicht weh tun. Nur etwas unangenehm; ein komisches Gefühl. Bitte hinlegen und den Kopf zur Seite legen. Nein, nicht von mir weg, Sie Scherzkeks, zur anderen Seite. Danke."

Er schneidet die Fäden durch und beginnt den Schlauch heraus zu ziehen.

„Etwas unangenehm", hat er gesagt. „Ein komisches Gefühl", hat er gesagt. Arschloch, sage ich! Es ist, als versuche er mein Hirn durch ein zu kleines Loch aus dem Schädel zu ziehen. Ich beginne zu wimmern. Peinlich unmännlich, ich sollte einen „Hello Kitty" Schlafanzug tragen.

„Na, mal cool bleiben", sagt er. „Indianer kennen keinen Schmerz, oder?"

Ich will unbedingt etwas unheimlich lässiges erwidern, aber es reicht nur für ein gebrülltes „Fuck die Henne, Ja, fuck die Henne!"

Dann ist es geschafft. Er präsentiert mir die gezogene Drainage mit einem gewissen Stolz. „Und? Alles klar?" fragt er.

„Bei wem haben Sie gelernt?" frage ich zurück „Beim Mengele?"

„Herr Dotheno, Herr Dotheno! Dieser Schlauch hier hinterlässt ein Loch, das in Ihrem Fall ein wenig zu groß ist. Ich muss es nähen. Also wäre ich mit solchen Aussagen vorsichtig!"

Er grinst leicht diabolisch, lässt seine Augenbrauen tanzen und hält etwas in die Luft, das aussieht, als wolle er damit einen fetten Karpfen fangen.

„Oh!" sage ich.

„Ja, Ja!" sagt der Arzt und

„Hehehe!" sagt der Horst.

Wir sehen zu ihm hinüber. Ganz vergnügt schaut er aus. So ein Arsch, was habe ich dem eigentlich getan?

„Guten Morgen, Herr Leber, geht's einigermaßen heute Morgen?" fragt Dr. Bauer und bekommt von Horst einen langgezogenen Furz in orchestraler Lautstärke als Antwort.

„Wohl bekomm's", mische ich mich ein und Anna wirft mir einen tadelnden Blick zu. Verdammt.

Horst grunzt. Horst grunzt noch mal. Vergnügt schaut er nicht mehr aus. Eine leichte Irritation hat stattdessen von seiner Mimik Besitz ergriffen, die im fliegenden Wechsel von einer handfesten Panik abgelöst wird. Etwas Flehendes sagt noch ganz schnell guten Tag, sein Körper beginnt zu zittern, bäumt sich auf, dann Horst fällt zurück und stellt Atmung, Herzschlag, Grunzen, Furzen und was immer er sonst noch in seinem Leben angestellt hat für immer ein.

Für ein paar Minuten herrscht professionelle Betriebsamkeit. Defibrillator, Adrenalinspritzen oder weiß Prof. Dr. Brinkmann was sonst noch kommen zum Einsatz, bleiben aber erfolglos. Horst ist tot.

Als sie ihn aus dem Zimmer schieben, steht Dr. Bauer mit den Händen tief im Kittel vergraben vor meinem Bett und murmelt so etwas wie „Scheiße" vor sich hin. Zu mir sagt er dann deutlicher: „Schade. Sie hätten sich bestimmt gut verstanden."

„So? Meinen Sie?"

„Ja, rein beruflich meine ich. Er hat Gags für Comedysendungen und so geschrieben. Auch für den…", er schnippt mit den Fingern, „für den…"

„?"

„Schmidt. Harald Schmidt! Genau! Für den hat er auch Gags geschrieben."

„Nein!"

Dr. Bauer ist etwas verunsichert. „Doch!"

„Nein!"

„Doch, wirklich. Ist ihm aber nicht gut bekommen." Er führt pantomimisch eine Flasche an die Lippen. „Zwanzig Jahre jeden Tag unter Druck witzig sein zu müssen, da kann einem schon mal das Lachen vergehen, denke ich."

Er zuckt mit den Schultern. „Naja, und sicher waren da auch noch ein paar andere Dinge im Spiel; viele Wege führen in den Suff, wie ich immer sage. Fünfundvierzig ist aber schon verdammt früh - auch für jemanden mit solchen Trinkgewohnheiten."

„Fünfundvierzig war er erst?"

„Sah älter aus, hm?"

„Mindestens sechzig, dachte ich."

„So hat er sich auf jeden Fall gefühlt, der Herr Leber. Er erzählte mir mal, dass sich in den Redaktionen nur noch dieses junge, studierte Hipgemüse tummelt, das sich gegenseitig das Leben schwer macht und ihm, als ‚alten Mann' ganz besonders. ‚Intrigieren, Schleimen, Blenden' hat er gesagt, das sei der moderne Gagschreiberdreikampf. Traurig."

„Ja, traurig", antworte ich.

Dr. Bauer wendet sich zum Gehen.

„Ach, ja", sagt er noch, bevor er das Zimmer verlässt, „Sie können sich anziehen und vielleicht ein bisschen im Park draußen spazieren gehen, wenn Sie möchten. Morgen früh dürfen Sie dann nach Hause."

Ich nicke stumm und beginne auf der Stelle einen Gag für die Schmidtredaktion zu schreiben.

12:05 Uhr

Die Mail mit dem Gag ist raus. Der Geruch von Konsequenzen liegt drohend in der Luft. Vielleicht stinkt es auch nur nach Dummheit. Ich ziehe mich lieber an.

Uschi meldet sich auf facebook.

„Bulöpp"

„Der Fall der Eichener Republik und die Machtergreifung durch die Buchenazis… sag mal, stehst Du unter Drogeneinfluss?"

„Nicht so sehr wie ich mir wünsche."

„Bulöpp"

„Mindestens die Hälfte aller deutschen Haushalte ist Buche-Furnier verseucht und die andere Hälfte ächzt in Eiche-rustikal. Und die bezeichnest Du dann als Nazis. Fein. Also entweder willst Du mich provozieren und mich zur Aufgabe zwingen oder – entschuldige, dass ich mich wiederholen muss – Du bist einfach ein bisschen doof."

„Auch auf diese Frage kann ich nur antworten: nicht so sehr wie ich es mir wünsche."

„Bulöpp"

„Hast Du eine Entscheidung bezüglich der Partygeschichte getroffen? Pointe oder nicht? Solltest Du Dich für eine Pointe entscheiden – sieh zu, dass sie über Schmuddelkram-Niveau liegt. Ansonsten lass sie besser weg."

„Kommt sofort."

Bulöpp

„Ok."

12:30 Uhr

Obwohl Horst tot ist und ich wieder alleine auf dem Zimmer liege, bekomme ich das Standardkrankenhausessen. Es ist die große Schwester vom Krankenhauskaffee, die mir von Hilde höchstselbst aufgetischt wird. „Ging heute nicht anders", sagt sie frostig.

„Macht nichts. Augenblick, ich muss das hier nur kurz noch abschicken."

Horst zerrt mich zu Hilde und der Igelin.
„Passt mal auf", verkündet er aufgeregt in die Runde, „Passt mal auf... wir machen jetzt Filme raten. Also...", er tippt der radikalfeministischen Igelin mit dem Zeigefinger auf die Brust „Dicke Titten auf nem Schokoriegel, was ist das für ein Film?"
Die Igelin ist von Horst' Berührung und Wortwahl offensichtlich angewidert.
„Na?" fragt Horst in die Runde „Na?"
Die Runde antwortet nicht. Horst gibt die Antwort selbst: „Ganz einfach: Euterei auf dem Bounty"

Hildes Handy gibt einen Signalton von sich. Sie schaut auf das Display, liest und setzt sich blass auf die Bettkante.
„Was ist los, Hilde?"
„Nichts."
„Ach, sag schon, natürlich ist was."
„Eine Kollegin hat einen Unfall gehabt, ich muss da eben hin."

12:32 Uhr

„Bulöpp"
Uschi meldet sich. „Warum machst Du das? Erkläre es mir, ich verstehe es nicht, Fabian."

„Ganz einfach. Ich tanze nach niemandes Pfeife!
Soweit müsstest Du mich inzwischen kennen, Hilde."

12:33 Uhr

Hilde steht keine drei Meter von meiner Zimmertür
entfernt mit dem Rücken zu mir auf dem Flur und
bearbeitet ihr Handy. Auf Zehenspitzen nähere ich
mich und schaue ihr über die Schulter.
„Uschi ist mein Name!" tippt sie. „Es geht hier
nicht um Tanzen, sondern um Hilfe, Du störrischer
Esel, wenn ich einmal diesen Begriff verwenden darf,
den Hilde mir in Bezug auf Dich…"
Ich flüstere Hilde ins Ohr. „Selber Esel."

12:35 Uhr

„Komm, setz Dich."
Ich klopfe mit der Hand auf die Bettkante, aber
Hilde will sich nicht setzen. Hilde ist mit Schockiert
sein beschäftigt. Und sie zittert am ganzen Leibe. Aber
sprechen kann sie. „Wie soll das mit Dir weitergehen,
Fabian?" zischt sie.
„Also zunächst einmal denke ich, haben wir einen
anderen Tagesordnungspunkt zu diskutieren, meinst
Du nicht auch, mein Mausepuperchen?"
Hilde schüttelt langsam und bedrohlich den
Kopf. Ich bin froh, dass diese Auseinandersetzung

nicht in unserer Küche stattfindet – mit dem Sashimimesser in Reichweite.

„Hör auf mich zu verarschen. Sofort!" schreit sie.

„Wir sind hier im Krankenhaus, Hilde, Du kannst Doch nicht…."

„Halt's Maul! Du Scheißkerl!"

Das waren jetzt noch zwanzig Dezibel mehr. Mindestens. Wenigstens setzt sie sich jetzt doch neben mich auf die Bettkante. „So geht das nicht weiter", flüstert sie.

„Was genau…?"

„Mit *uns* geht das so nicht weiter", unterbricht sie mich.

„Die Idee mit Uschi war ja wirklich gut und unheimlich nett von Dir gemeint, nur war sie dann eben doch zu sehr Hilde."

„Warum lässt Du Dir von mir nicht helfen?"

„Weil Du willst, dass ich so werde, wie Du es gerne hättest. Du willst, dass meine Bücher so werden, wie Du sie schreiben würdest. Und ich sage Dir, Hilde: an dem Tag, an dem ich so bin, wie Du es gerne hättest, wirst Du mich verachten und wegwerfen wie einen alten Putzlappen."

„Da liegst Du falsch, das mache ich nämlich schon viel früher."

Für eine Weile betrachte ich meine Fingernägel und verdaue. „Was", begebe ich mich dann wieder in die Schlacht, „ist mit Deiner echten Lektorin, der Dörte? Die könnte mir doch ein paar Tipps geben."

„Die hat keine Ahnung von Humor."

„Deswegen versteht ihr Euch so gut, oder was?"

Ich hebe die Arme schützend vor mein Gesicht.

Aber Hilde schlägt nicht zu, Hilde schüttelt nur traurig den Kopf. „Nein, Fabian, das…"

„Ich bewerbe mich übrigens bei dem Harald Schmidt als Gagschreiber. Ich schicke denen regelmäßig Arbeitsproben. Ich könnte mir vorstellen, dass die mit meinem Humor mehr anfangen können. Wenn es mit dem Buch also nicht funktioniert, könnte ja wenigstens das klappen."

Hilde ist überrascht.

„Harald Schmidt? Echt? Aha!"

Mein Emailprogramm meldet akustisch, dass ich eine neue Mail erhalten habe. Wir lesen beide:

„Sehr geehrter Herr Dotheno,
vielen Dank für Ihre Bewerbung als Gagschreiber für die Harald Schmidt Show. Leider sehen wir derzeit keinen Anlass, unseren Autorenpool aufzustocken. Mit freundlichen Grüßen."

Hilde seufzt. Sie scrollt in der Mail weiter runter und liest meine Arbeitsprobe, die ich vor ein paar Minuten an die Redaktion geschickt habe:

Meine sehr verehrten Damen und Herren. Die Top Ten der Voraussetzungen für Bewerber, die bei der Harald Schmidt Show als Gagschreiber arbeiten möchten:

10
Sie wohnen in Köln und haben Theaterwissenschaften mit Schwerpunkt Wertpapiermanagement für Dekubituspatienten oder irgendeinen anderen Blödsinn studiert.
9
Sie verlassen das Haus nie ohne hippe Umhängetasche, nerdige Hornbrille und unfassbarer Arroganz.
8
Nach dem monatlichem Blowjob für den Headwriter sind die Zähne gründlich zu putzen. Mundwasser wird von der Redaktion gestellt.
7
Quatschen Sie Harald Schmidt nie persönlich an. Kommunikation mit Gott ist sowieso nur mit Hilfe von Engeln möglich. Und die gibt es bei uns nicht.
6
Schreiben Sie nur Gags, die dem Senderchef gefallen. Also geben Sie Hirn und Eier beim Pförtner ab.
5
Sie kennen alle Werke von Dostojewski auswendig und haben sie intellektuell durchdrungen. Zur Unterhaltung unserer Geschäftsleitung ist es Ihnen verboten, diesen geistigen Reichtum in Ihre Arbeit einfließen zu lassen.
4
Sie müssen hundert Mal so viele Mails mit Arbeitsproben schicken, wie die Sendung im Monat Zuschauer hat. Das ist schnell erledigt.
3
Sie hassen Geld und kurze Arbeitszeiten

2
Sie haben keinerlei Selbstachtung und lassen sich einmal die Woche nach allen Regeln der Kunst ankacken. Ort: da, wo Sie auch das Mundwasser finden.
1
Sie haben mindestens drei indische Kinder in der Hinterhand, die sie notfalls mit einer neuen Leber versorgen können

In Memoriam Horst Leber

Hilde atmet tief ein. Hilde atmet tief aus. Hilde schüttelt wieder traurig den Kopf.

„Fabian", sagt sie, „Du machst mich fertig. Ist Dir eigentlich klar, dass Du all das, was Du hasst, selbst bist?"

„Das habe ich jetzt so auf die Schnelle nicht verstanden. Hört sich aber interessant an. War im letzten Brigitte-Heft ein Psychologie-Schnellkurs?"

Hilde springt vom Bett und baut sich vor mir auf.

„Ich kann nicht mehr", schreit sie, greift meinen Hemdkragen und schüttelt mich durch. „Es ist vorbei. Schluss. Aus. Feierabend."

Ich will etwas erwidern, aber mein Hirn spuckt nichts Brauchbares aus. Ich räuspere mich. Ich räuspere mich noch einmal. Dann quälen sich schließlich doch ein paar Worte aus mir heraus: „Es ist doch der Dr. Bauer, stimmt's?"

Anna erscheint in der Tür und bleibt verunsichert stehen. Ihr scheint klar zu sein, dass sie sich einen unpassenden Moment für ihren Besuch ausgesucht hat. Hilde sieht mich herausfordernd an, dann stürzt sie auf Anna zu, nimmt sie in die Arme und gibt ihr einen langen, leidenschaftlichen Kuss.

„Nein, Fabian!" sagt sie dann. „Nicht Dr. Bauer."

Anna schweigt und starrt mit roten Ohren auf ihre Schuhe.

Hilde wirft mir zum letzten Mal einen Blick zu, den ich nicht deuten kann. Dann greift sie Annas Arm, verlässt mit ihr das Zimmer und zieht die Tür hinter sich leise ins Schloss.

12:23 Uhr

Ob ich wohl noch Anspruch auf Arbeitslosengeld habe?

Dank

Ich danke meinem Bruder Jörg Janning, Jörg Peterkord und meiner geliebten Freundin Angelika Berning, die mir mit Rat und Tat zur Seite standen. Außerdem bedanke ich mich ganz besonders herzlich bei all denen, die nicht müde wurden mir zu sagen, dass ich es nicht schaffen werde. Ohne sie hätte ich es nicht geschafft.

Impressum

ISBN 9783738616804

Copyright © by Uwe Janning
uwe.janning@o2mail.de
Osnabrücker Straße 318
48429 Rheine

Das Werk einschließlich aller seiner Teile ist urheberrechtlich geschützt. Jede Verwertung ist ohne Zustimmung des Urhebers unzulässig. Das gilt insbesondere für Vervielfältigungen, Übersetzungen, Mikroverfilmungen und die Einspeicherung und Verarbeitung in elektronischen Systemen.

Fotografie: Jay Aremac (Rückseite), Uwe Janning (Front)

Herstellung und Verlag:
BoD - Books on Demand, Norderstedt